地域通貨が示す
新たな選択

「円」より「縁(えん)」

納村哲二

フェリカポケットマーケティング
代表取締役社長

日経BP

Contents

はじめに　3

第1章 「円」より「縁」 9
～地域通貨が個人の幸福度を高める～

Part 1 地域通貨が今、脚光を浴びている 10
Part 2 地域通貨は何のために発行されるのか 26
Part 3 韓国に学ぶ地域通貨の有効性 43
Part 4 成功する地域通貨、失敗する地域通貨 54
Part 5 地域通貨が日本人の幸福度を高める 79
Part 6 他国に学ぶ「円より縁」と幸福感 114

第2章 地域通貨の立ち上げから 普及に至るまで 125

第3章 地域通貨の導入現場から 149

Case 1 埼玉県さいたま市 151
Case 2 神奈川県平塚市 156
Case 3 大阪府豊中市 162
Case 4 兵庫県加西市 168
Case 5 宮崎県延岡市 174
Case 6 佐賀県 180
Case 7 北海道苫小牧市 186
Case 8 岩手県盛岡市 188
Case 9 富山県魚津市 190
Case 10 香川県三豊市 192
Case 11 広島広域都市圏 194
Case 12 東京都大田区 196
Case 13 兵庫県 198
Case 14 神奈川県川崎市 200
Case 15 兵庫県三田市 202
Case 16 栃木県那須塩原市 204
Case 17 九州7県 206

Message 新しい事業にチャレンジする人へ 209

参考文献　239

はじめに

　今、地域通貨事業に取り組む自治体が増えています。

　本書は、『「円」より「縁」』というタイトルからも察していただける通り、普通の地域通貨の本ではありません。地域通貨事業が経済効果につながるだけでなく、地域のコミュニティの活性化にも資することに加え、個人の幸福度の向上にも貢献することをご説明したいと思います。

　地域通貨というと、地元のお店だけで利用できるように「地域に限定」したお金で、大都市やネット通販で消費する人の増加により地域経済が縮小していくことを防ぐために発行されるものと理解されている方も多いと思います。当然その理解は間違いではありませんが、それは地域通貨のポテンシャルの一面に過ぎません。

　地域通貨は「通貨」というだけに、店舗などでの支払い、すなわち決済で利用されるのですが、実は決済以外に多くの機能を持っています。それをご説明することで、地域通貨が**地域経済・コミュニティ・個人を元気にすること**に資する可能性を持っていて、それが地域通貨本来の目的であることをご理解いただくのが本書の目的です。

　2016年に出版した前著『地域通貨で実現する地方創生』(幻冬舎) では、地域通貨の持つ可能性を説きましたが、地域通貨についての新しい視点をご評価いただけた一方で、「日本ではクレジットカードの普及さえなかなか進まないくらい現金至上主義なのに、利用機会が限定される地域通貨が普及するのか?」「これまでの日本には多くの地域通貨があったけれど、成功事例はないのではないか?」「財政的にも人材リソース的にも、導入できる自治体は限られるのではないか?」といった地域通貨の可能性への冷めた声も寄せられました。

　ITを活用した地域通貨事業の支援を16年以上続けてきましたが、地

域通貨の可能性を信じながらも思ったような結果が出ない時期も長く、楽観的な私もさすがに落ち込む日々が続きました。思った通りにいかない状況を打破するために、自治体や地元の方々と意見交換しながら、また社内でもシステム面で足りない機能の追加開発などの議論を重ねながら、現場での社会実装にこだわり、試行錯誤を続けてきました。

そんな「山あり谷あり、もっと深い谷あり、さらに深い谷もあり」の過程を経ていますので、昨今の地域通貨ブームとも言えるフォローの風が吹いている状況を見ると、まさに隔世の感があります。

このムーブメントをブームで終わらせないためには、新型コロナウイルス感染拡大による緊急経済対策などの「にわか政策」が終了し、フォローの風が「なぎ」になっても、地域通貨が地域のステークホルダーをひとつにつなぎ、新しい取り組みの芽を育て、花を咲かせる「苗床」のようなプラットフォームとしての役目を果たし続ける必要があります。

地域通貨は目的ではなく、あくまで「道具」です。「地域経済・コミュニティ・個人を元気にすること」という目的のために、地域通貨を最大限に利用するには、地域通貨の特徴と可能性を理解する必要があります。

まず、**地域通貨の最大の特徴は「不便」であること**です。というよりも、意図的に不便にしています。どこが不便かというと、地域通貨を利用する際に、いろいろな「限定」がある点です。利用できる地域や店舗を限定し、利用の用途を限定し、利用期間も限定されます。利用者は発行元の自治体の市民に限定されることも多いです。さまざまな限定をして、わざわざ不便にするのが地域通貨の特徴なのです。

他方、法定通貨である「円」は誰でも、いつでも、どこでも、何にでも使えて「限定」がないので、圧倒的に利便性が高い通貨です。

同じ「限定」でも、特定企業のサービスに限定される通貨もあります。「企業Pay」(企業が運営する電子マネーやQRコード※決済サービス)や、企業グループが発行する「企業ポイント」は、その決済サービスを導入している店舗でしか使えないなど、企業が定めた用途に限定されており、

4　　　　　　　　※QRコードはデンソーウェーブの登録商標です。以下同

他の用途には利用できません。

　この場合は、企業からはポイントやクーポン、割引などの多くの魅力的な特典が提供されるので、特定企業のサービスに限定されることでの不便さや不満を感じることはほとんどないと思います。「企業経済圏」とか「ポイント経済圏」といった表現が使われますが、利用者はその経済圏で決済をまとめることによるメリットを享受できています。

　しかし、わざわざいろいろな限定を設け、あえて不便なツールにしている地域通貨には、現金にも企業Payにも担えない「地域通貨ならでは」の役割があります。「限定する」ということは、目的通りに使ってもらいたいというメッセージが込められているということです。

　自治体が地域通貨を発行する場合、「地元の中小店舗を応援する」「生活に困っている方々を支援する」「子育て世帯を支援する」などの目的があります。その時々に発行される地域通貨の「限定」には、その目的に合うように使ってもらいたいというメッセージが込められていると言えます。地域通貨の原資となるのは、主に私たちの大切な税金です。「税金は負担してもいいけれど、有効に使ってもらいたい」と皆さんも感じているのではないでしょうか。税金を目的通りに使うための道具としても、地域通貨は有効なのです。

　地域通貨の特徴で次に重要なのは、決済以外の機能です。地域通貨には決済に利用するマネー（Pay）機能に加え、健康増進に取り組んだり、コミュニティ活動に参加したりといった善行（いいこと）によってもらえるポイント機能があります。地域通貨はこのマネー機能とポイント機能の両方がシナジーを生むことで、「地域経済・コミュニティ・個人を元気にすること」という目的に貢献できます。

　特に、個人を元気にすること、すなわち心身の健康（ウェルビーイング）を重視しているのが本書の特徴です。心身の健康のなかでも、心の健康である「精神的な充実を感じることによる幸福度の向上」に注目します。

はじめに　5

精神的な充実には、地球環境・自然環境への配慮や、地域社会の一員として社会的責任を果たしているという誇りのような感情が大切だと考えます。日常生活の中で、無理のない範囲での「世のため・人のため」という利他的な行動が、地域社会との関わりを持つことにつながり、同時に孤立を回避することにもなります。

　わざわざ不便な形に「限定」された地域通貨がメッセージを持っていることを知り、そのメッセージを理解することで、地球環境や自然環境の大切さに気づき、地域社会との関わりを持ちながら利他的な行動を始める「行動変容のきっかけ」をつくるのが、地域通貨の大切な役割なのです。

　この役割は、ある意味で「公」であり、「共助」の考え方であって、「便利すぎる円」や、「私」的な存在である企業戦略としての企業Payでは担うのが難しいものだと考えます。

　また、地域通貨事業を成功させるためには、行政をはじめ企業や地元店舗、NPOなど、さまざまなステークホルダーが地域の共通価値としての地域通貨を発行することが必要条件です（必要十分条件ではないのですが）。多様なステークホルダーの参加は、市民に向けてさまざまな魅力的なサービスを提供することにつながるので、日常生活に欠かせないツールになるでしょう。

　多様なステークホルダーが参加するということは、地域通貨が産学官民を横軸で通すような地域全体の共通価値のプラットフォームとなることを意味します。参加者が増えて、捕捉されるデータが利活用されることでプラットフォームの価値は高まり、参加者が享受するメリットはさらに大きくなっていきます。

　このように、企業Payにも、現金にも果たせない「地域通貨ならではの意義と役割」があります。地域通貨はあくまで道具に過ぎませんが、地域を元気にする事業に日々取り組んでいる方々の目的を達成するために必要な、大きな可能性を持った便利な道具だと思います。

道具としての地域通貨をどう利用するかによって、結果に大きな差が生まれます。地域通貨という道具には大きな可能性がありますが、結果は「道具をどう使うかという『選択』をする人次第」なのです。その意味で、本書のサブタイトルを「地域通貨が示す新たな選択」としました。

　本書が、皆さまの「地域経済・コミュニティ・個人を元気にすること」という目的を達成するための参考になり、**「世のため・人のための利他的行動が、ひいては自分のためになる（幸福度が上がる）」という考えに基づいた「円より縁」という新しい価値観を選択する人を増やし、参加者のウェルビーイング（身体的にも精神的にも健康な状態であるだけでなく、社会的・経済的に良好な状態にあり、満たされていること）の向上につながれば、望外の幸せです。**

　なお、本書の特徴として、健康・エコ・SDGs・ボランティアなどの各種行政サービスのポイントやプレミアム付き商品券、市民向けの給付金など、広義の意味での地域通貨事業を実施している17の自治体の事例を、第3章に掲載しています。実際に地域通貨事業に取り組んでいる自治体の、導入目的や課題、そして今後の方向性などをご紹介する内容になっています。

　第2章は、香川県高松市で「めぐりん」という地域通貨を運営するサイテックアイ株式会社を2009年に創業し、15年間数々の苦労をされながら、今もって進化を続けている善生憲司さんに、これまでの取り組み内容を、現場ならではの視点で寄稿いただきました。

　また、40年余り一貫して新しい事業にばかり携わってきた私の経験が、地域通貨という新しい事業にチャレンジする方々の参考になり、またエールにもなるのではないか、という編集者からのご提案を受け、本書の最後にインタビュー形式の「Message」としてまとめさせていただきました。その中で触れている、ソニーの創業者のひとりでもある盛田昭夫会長（当時）から1988年にご示唆いただいた「見えない失敗」の話

はじめに　　7

などは、その後の「失われた30年」の予言だったのではないかと思える
メッセージです。

　発刊に当たり、本書の帯にメッセージを寄稿いただきました、さいた
ま市の清水勇人市長をはじめ、事例紹介のためのインタビューや原稿確
認にご対応いただいた自治体関係者の皆さまに、改めて感謝申し上げま
す。これまで皆さまと一緒に取り組んできたことから学び、感じたこと
を紹介させていただいたのが本書です。頭で考えすぎるのではなく、実
際にやってみて改善を繰り返すという、現場での試行錯誤からしか学べ
ないことを、原稿を書きながら改めて痛感しておりました。現在の取り
組みを質・量ともに拡大することに、引き続き伴走させていただきたい
と願っています。
　また、いつも原稿の締め切りは間に合わない上に、修正依頼も多い遅
筆の私を最後まで見放さず伴走いただきました、日経BPの安原さん、
莵原さん、編集担当の藤川さんの「忍」と、少しでも社会的な意義があ
る本に仕上げるのだというプロの編集魂に感服するとともに、感謝申し
上げます。
　最後に、データ収集、原稿の取りまとめから仕上げまでを粘り強く手
伝ってくれた、向井さん、山口さんをはじめとしたフェリカポケットマー
ケティング社員の皆さんにも深く感謝いたします。
　多くの皆さまのおかげでなんとか本書を仕上げることができました。
本当にありがとうございました。この本が、ひとりでも多くの人のお役
に立てることを願って。

多謝

2024年7月　納村哲二

第1章

「円」より「縁」

地域通貨が
個人の幸福度を高める

フェリカポケットマーケティング
代表取締役社長
納村哲二

Part 1

地域通貨が今、脚光を浴びている

　今、地域通貨が多くの自治体で導入され、脚光を浴びています。しかしながら、16年以上地域通貨事業に現場で携わってきた身としては、現在の状況はうれしくもありますが心配でもあり、複雑な思いです。

　当社が開発したスマホアプリを利用した地域通貨だけでも、2023年6月からの1年間の発行額は550億円を超えています。当社以外のスマホアプリで発行された地域通貨を含めた市場全体の規模は少なくとも年間2000億円以上と推定されます。

　この市場規模はクレジットカード、電子マネー、QRコード決済などに比べればまだまだ小規模ではありますが、**地域通貨はキャッシュレス決済市場の1つのカテゴリーになりつつある**と考えています。

　このトレンドが一過性のブームに終わるのか、それとも成長を続けるのかは、政府による地方創生、決済のデジタル化、行政のDX（デジタルトランスフォーメーション）推進などの政策に左右されますが、より大きな原動力となるのは各自治体の「将来、消滅するかもしれない」ことへの危機感だと考えています（「消滅可能性自治体」についてはPart5参照）。

　新型コロナウイルス感染症を起因とする緊急経済対策として、売上が減少した中小事業者支援や収入が減った生活者支援のために、プレミアム付き商品券・旅行割引クーポン・生活応援給付金などとして、多くの自治体で導入された地域通貨事業は、政府からの交付金・補助金の終了もしくは減額による影響から今後、継続できなくなる恐れがあります。

　特に、危機的な人口減少にあり、地域通貨の導入による経済やコミュニティの活性化が必須の自治体が、そのための投資や維持費の財政負担が難しかったり、必要な人的リソースを確保できなかったりするために

地域通貨事業を断念することになりはしないかと懸念しています。

デジタル地域通貨が、単発・短期の緊急経済対策の際には「地元事業者や市民にお金を回す」という機能的な役割を果たせることは、ある程度証明されていますが、「バラマキではないか」「対象者を低所得者に絞るべきではないか」という意見があります。本来、**地域通貨は単発・短期ではなく、「継続的な事業」として導入されて初めて地域の活性化に資する取り組みになる**のだと思います。

私が特に本書でお伝えしたいことは、**地域通貨には現金や既存のキャッシュレス決済では困難な、地域通貨にしか果たせない、地域通貨ならではの役割がある**ということです。緊急経済対策として一定の役割を果たしたプレミアム付き商品券や旅行割引クーポンなどは、地域通貨の持つ機能の1つに過ぎず、地域通貨の本来の可能性（ポテンシャル）が十分に理解されていないことは、大変残念なことだと思います。

本書を読まれた方が、地域通貨ならではの役割と可能性を理解した上で、地域通貨を活かしたさまざまな自治体独自の活性化策を展開し、同時に一人ひとりの幸福度が高まるような取り組みを行っていただければと願っています。

ここで、そもそも地域通貨にはどのようなタイプがあるのかを、広義の意味で改めて整理してみました（12〜13ページの表参照）。

地域通貨とは、特定の地域やコミュニティのみで使える通貨で、地域の経済やコミュニティの活性化が発行の主な目的です。**現在ではそのほとんどがスマートフォン専用のアプリのQRコードを利用した「デジタル地域通貨」で、大きく2種類の型があります。チャージして地元の加盟店で決済できる機能（Pay機能）を備えた「マネー型」と、健康増進活動やボランティア参加などによって地域内で使えるポイントがもらえる「ポイント型」です。**新型コロナ感染症による景気後退期に多くの自治体で発行されたプレミアム付き電子商品券なども、マネー型のデジタル地域通貨の一種と位置付けられます（後述しますが、地域通貨アプリ

「地域通貨」と「企業Ｐａｙ」「企業ポイント」の類型

	類型	主体	施策（目的/対象）
マネー型（Ｐａｙ機能）	地域通貨「マネー」（Pay機能）	自治体 商工団体 金融機関	【短期の景気刺激＆生活支援】 地元事業者支援 生活者支援（市民）
			【福祉・生活支援】 各種給付金
			【長期の経済対策＆生活支援】 地元事業者支援 生活者支援（市民）
	企業Pay	企業	企業戦略（顧客獲得）
ポイント型	地域通貨「善行ポイント」	自治体 各種団体 NPO 店舗 企業	【善行ポイント】 健康増進 社会貢献 弱者・困窮者支援 スポーツ・文化活動 次世代への継承 地元商業・観光応援 にぎわいづくり 各種行事・イベント 健康経営（従業員対象）
	企業ポイント	企業	企業戦略（顧客獲得）

は、この2つの機能を1つに集約したものです）。まずは、マネー型を3つのタイプに分けて考えてみましょう。

　マネー型の1つ目のタイプは、**景気浮揚・消費刺激などの経済対策や市民の生活支援として発行される地域の「プレミアム付き商品券」**です。新型コロナ感染拡大の際、地域の飲食店や旅行業界を支援するために、利用地域・用途・期間などを限定して発行した地元の飲食店応援券や、Go Toトラベルキャンペーン時の割引クーポン・市内飲食券などもこれに当たります。

※PayPayなど民間企業が運営するキャッシュレス決済のことを、本書では「企業Pay」と呼びます

継続/短期	例
短期	プレミアム付き商品券（プレミアム率は20〜40％が多い） 地元の飲食店応援券・県内宿泊補助券 Go To トラベルキャンペーン
継続＆短期	生活応援給付金（全世帯・全市民対象） 子育て世帯対象の給付金・低所得世帯対象の給付金 高齢者支援給付金
継続	継続的な地域通貨事業（プレミアム率は数％）
継続	各種の断続的かつ、お得度の高いキャンペーン 高還元率のキャッシュバックやポイント付与 全国チェーンで利用できるクーポン
継続＆短期	健康増進（運動・ウォーキング・検診・日々の健康チェックなど）
	社会貢献／SDGs・エコ・脱炭素 フードロス解消・エシカル消費
	弱者・生活困窮者支援／ボランティア
	スポーツ・文化・芸術活動（同好会・サークル活動） 地元コンテンツの継承（伝統文化・祭事・特産品・匠の技など） 商業振興・観光振興（地元応援消費）
	にぎわいづくり・各種行事・祭事・イベント
継続	各種の断続的かつ、お得度の高いキャンペーン ポイント経済圏への取り込みのためのポイント獲得機会の提供

　プレミアム率や割引率が20〜40％と高いものも多く、利用者にとってその「お得感」の魅力は大きいため申し込みが多くなり、抽選になることも珍しくありません。ただし、これらは原則として緊急経済対策などで実施されるものですから、短期的な単発事業であり、継続的事業としては位置付けられません。

　2つ目のタイプは、**子育て世帯や低所得世帯、高齢者などの生活支援策として、利用できる地域や店舗・期間を限定して自治体が発行する各種給付金で、マネー型の地域通貨**として位置付けられます。大抵は現金

で受給することもできますが、地域通貨で受給することでポイントが付与されるなどメリットが大きくなる場合が多いです。このタイプの事業は、その目的から単発・短期ではなく自治体の継続的事業として実施されるケースが大半です。

3つ目のタイプは、**地域が独自に発行する地域通貨です。「〇〇ペイ」「△△コイン」といったネーミングがつく場合が多く、利用者が現金などでチャージして地元の加盟店での買い物の決済（Pay機能）に使うものでセルフチャージ型と呼ばれます。**多くの場合は、現金以外にクレジットカードや銀行口座からのチャージもできますし、コンビニの店頭や特定のコンビニATMでもチャージが可能です。

このタイプの事業は、**長期的視点での地域経済の活性化を目的として実施されるので、おのずと継続的事業となります。**事業継続のための予算を毎年計上することになるため、短期的事業のプレミアム付き商品券のような高いプレミアム率を設定することは難しく、多くの場合はチャージする際や利用した後に金額に応じて数％程度のポイントを還元する仕組みとなっています。

次にポイント型です。**地域通貨の類型としてのポイントは、ウォーキングの歩数や日々の血圧・体重を記録したり、検診を受診するなどの健康増進活動に取り組んだり、ボランティアや地域イベントなどの地域貢献活動に参加したりといった「いいこと」をするともらえるものなので、一言で言えば「善行ポイント」です。**

善行ポイントそのものに異論を唱える方もいます。「ポイントがつかなくても、善行をしています」「そもそも、善行とは対価を求めないものを言うのだから、ポイント付与とは矛盾するのではないか」というのが主な意見です。地域通貨の導入に当たりそうした意見がある場合は、貯めたポイントは地域内に限定して還流するようにしたり、寄付もできるように制度設計したりすることで、「自分のためではなく、地域のため、誰かのためになっている」と納得していただくようにしています。

ポイントなしでも善行（いいこと）をされる方もいるとは思いますが、ポイントが「善行のきっかけ」となって参加者が増えることも期待できると思います。

なお、前掲の表には同じマネー型、ポイント型として「企業Pay」と「企業ポイント」も、地域通貨との比較のために記載しました。企業PayにはPayPay、楽天ペイ、d払い、AEON Payなどが、企業ポイントには楽天ポイント、Vポイント、Pontaポイント、WAON POINTなどがあり、各企業の全国の提携加盟店やネットショップで利用できます。

企業Payも企業ポイントも、各企業の戦略に基づいて「顧客獲得」や「売上拡大」を目的として実施され、「ポイント経済圏」ともいわれていますので、地域通貨のような「公」の意味合いを強く持ったものとは、その性格はおのずと異なります。

熾烈な顧客獲得競争を繰り広げる企業Payや企業ポイントによる特典の「お得度と利便性」は非常に高いので、それに比べて地域通貨のように利用機会がある程度限定されているものは、利用者にとって魅力度が乏しく見えるかもしれません。

ちなみに多くの自治体で実施されている、企業Payを利用したキャッシュレス・ポイント還元事業で付与される還元ポイントは、あくまでも企業Payのポイントであり、全国どこでも利用できてしまうことから、地域内の利用に限定することを前提とした地域通貨には含めていません。

地域通貨は「お得度」だけで判断すべきものではない

地域通貨は、景気の停滞、地方重視の政策、健康意識・環境意識の高まりなどの経済や社会の動向にも影響を受けながら、時折思い出されたかのように一種のブームのように注目されてきました。しかし私は、**地域通貨は単なる経済的なメリットだけでなく、人々の幸福への価値観を根本的に変えるような可能性を秘めている**と考えています。企業Payでは実現できない、**地域通貨ならではの意義・役割**を伝えることが本書の

大きな目的です。

　ここで、お尋ねします。次の4つのサービスのいずれかを使えるとしたら、どの順番で選びますか？

　パターン1は、全国どこでも利用できる便利な企業Payで、買い物や飲食などの支払いをしたら期間限定で20％の還元ポイントが付くというものです。**パターン2は、大手企業傘下のグループ企業での買い物や**

パターン1

○○Pay
（企業Pay）

期間限定で
20%ポイント還元

パターン2

○○ポイント
（企業ポイント）

期間限定で
ポイント2倍
キャンペーン

**あなたはどれを
選びますか？**

パターン3

プレミアム付き
商品券
（期間限定の地域通貨）

プレミアム率20%

パターン4

セルフチャージ型の
地域通貨

いつでも
チャージポイント3%

サービス利用で貯まるポイントで、通常の2倍のポイントが貯まるというキャンペーンです。どちらも、企業が多額の広告宣伝費や販売促進費をかけて実施するサービスなので、その魅力やお得度は圧倒的です。

一方、地域通貨のほうはどうでしょう。**パターン3は、プレミアム率が20％の商品券**とかなりのお得度で魅力的ですが、自分が普段利用するお店で利用可能か、期間中に使い切れるかを確認する必要があります。

パターン4は、地域通貨に現金などをチャージする「セルフチャージ型」で、いつでもチャージ金額の3％分の地域通貨がポイントで貯まるというものです。地域通貨を使った普段の買い物で常に3％のお得が得られるというのはありがたいことだと思いますよね。

ただ、お得度だけで見ると、1万円のチャージで300円分のポイントが上乗せされるパターン4の地域通貨よりも、1万円の買い物で2000円分の還元ポイントがもらえるパターン1の企業Payのほうが、圧倒的に強いと言わざるを得ません。

「地域通貨は成功しない」ということをよく耳にしますが、地域通貨事業に16年以上取り組んできて、改めて「地域通貨は難しい」と実感しています。

何しろ、この1万円を企業Payや企業ポイントではなく、パターン3やパターン4のように地域通貨として利用してもらう仕掛けをつくる（制度設計をする）必要があるからです。大企業が多額の投資をして、戦略・戦術を必死で考えて展開しているサービスに対抗することが容易であるはずはありません。

大切なのは、地域通貨を企業Pay・企業ポイントと対抗する存在として考えるのではなく、それらと共存していくことを前提に、「地域通貨ならではの価値」を持たせていくことです。そして、重要なのは、利用者がパターン3や4の地域通貨を選ぶ際の、地域への「想い」と、社会的責任を果たすという「誇り（プライド）」であるシビックプライドを醸成するような制度設計にすることです。

第1章　「円」より「縁」　17

グローバルの時代だからこそ、ローカルの視点が大切

　地域通貨は、市場競争原理を前提とする資本主義の弱点を補完する可能性を秘めていると私は考えています。

　世界有数の先進国であり、教育水準も高く、世界一安全といわれる日本に住む私たちではありますが、さまざまな不満や将来への不安も抱えながら日々生活しています。得体の知れない「グローバル化」という言葉や、人間の仕事を奪いかねない「AIの進展」、プラットフォーマーと呼ばれるごく少数の企業に事業の根幹をゆだねている状況──こういった経済産業面での大きな流れに加え、頻発する紛争やテロなどの安全保障面でのリスクが高まるなかで、私たちの不安は増すばかりというのが実態ではないでしょうか。

　このような不確実性の高いグローバル時代の今、なぜグローバルに逆行するような地域通貨が注目されているのか──私は、「グローバルの時代だからこそ、ローカルの視点が大切」なのだと思います。

　「グローカル」という言葉があります。「地球規模（グローバル）の視野で考え、地域（ローカル）で行動する」という考え方ですが、地域通貨を考えるに当たっても大変重要な視点です。グローバルとローカル、どちらが重要かではなく、どちらも重要であり、縦糸と横糸のようなものなのです。

　何より重要なことは、**「地域（ローカル）で行動する」という言葉には、「自分（たち）に主体性を取り戻す」という意思表明が含まれていること**です。自分が幸せかどうかは、本来的に他人との比較ではなく、自分の心が決めるものですから、幸せを感じるために、受け身ではなく、もっと自分自身が主体的に行動するという「行動変容」が必要なのだと思います。**自分自身が自分の幸せに主体的に関わることができるという「意識変容」から、実際に行動する「行動変容」につなげる「参加のハードルを下げ、変容のきっかけをつくるための道具（ツール）」**が地域通貨なの

です。

　また「グローバルとローカル」を考える上で大切な視点として、「着眼大局、着手小局」という言葉が思い浮かびます。グローバルという大局での変化を見据えながら、ローカルという小局に細心の注意を払って、目の前の課題に着実に対処することが、部分最適ではなく全体最適につながるということです。

　この視点は、「誰一人取り残さない」というSDGs（持続可能な開発目標）にもつながるのではないかと思います。グローバルアジェンダであるSDGsの17のゴールと169のターゲットを見ると、「確かにどれも大切なことだとは分かるけど、実際に私自身がどういう行動を取ればいいの？」と感じる方も多いのではないでしょうか。この大義と自分の行動を結び付けるのが、「着眼大局、着手小局」の視点だと思います。大義であるゴールを理解した上で、一人ひとりのローカルな行動が重要なのだと考えます。

　2030年での達成を目指すSDGsですが、その進捗状況は果たして順調なのでしょうか。SDGsにも、「グローバルとローカル」という縦糸・横糸の両方が必要であり、実行する上では「着眼大局、着手小局」という視点が大切であると思います。SDGsを「目標（ゴール）」として掲げるだけではなく、目標を達成するには、具体的な行動に結び付ける「道具」が必要です。利他的な「善行」活動と親和性の高い地域通貨は、SDGsの達成のための一人ひとりの具体的な行動を促すきっかけとなる「道具」になり得ると、私は考えます。

地域通貨は目標実現のための「柔軟性の高い便利な道具」

　地域通貨が持つポテンシャル（潜在的可能性）の第1のポイントは、その柔軟性の高さです。一般的に、人々の意識変容から行動変容に至るプロセスには、以下の5つの段階があります。

　①認知・納得　②試行（お試し）　③確認（メリット）　④継続　⑤定着

こうしたいくつものハードルを乗り越えないと、せっかくの具体的な行動が「定着」にまで至りません。地域通貨は、それぞれの段階に合わせて柔軟に設計することができる「道具」ですので、各段階のハードルを乗り越えて「定着」を目指すことが可能になります。意識変容から行動変容を促し、継続させ定着させるという一連のプロセスに適用でき、しかもその変容をデータとして捕捉し、分析できることから、**地域通貨は目標を実現するための行動を促す柔軟性の高い便利な道具**となり得るのです。この特徴によって、地域のさまざまなステークホルダー（行政・企業・店舗・学校・NPOなど）が、おのおのの段階や事情に応じて地域通貨に参加できるようになります。

　後述しますが、**地域通貨が成功するかどうかは、行政だけに依存し任せっぱなしにするのではなく、地域の各ステークホルダーがどれだけ自発的・積極的に参画するかにかかっています**。つまり、「当事者意識」が必要なのです。その点でも、地域通貨が誰でも関与・参加しやすい「柔軟性の高い便利な道具」であるという特徴は大変重要です。

　ただし、言うまでもなく、「道具」は「結果」を約束できません。料理をする際の「鍋・釜・包丁」が同じでも、出来上がる料理の種類は和洋中などいろいろありますし、ましてや味の良しあしはバラバラで、多種多様です。結果を道具のせいにするわけにはいきません。同様に、地域通貨のツールとなるスマートフォンアプリのプラットフォーム（当社の場合はPart4で紹介する「よむすびRSA」）が同じでも、結果が同じになるわけではありません。すべての事業にも共通することですが、「最後は人」だからです。

地域通貨の活用は、個人の幸福度の向上につながる

　地域通貨が持つポテンシャルの第2のポイントは、**個人の幸福度を高める可能性を秘めていることです。**　個人の幸福度が上がる行動に地域通貨が利用されれば、地域通貨によって「行動」と「幸福」が結び付くこ

とになります。**幸福につながる行動変容を、地域通貨で促す**とも言えます が、これが本書のテーマになっています。

　これまでの地域通貨事業で期待されてきたことは、主に2種類の活性 化です。1つは、「**地域経済の活性化**」であり、もう1つは「**コミュニティ の活性化**」です。本書の特徴は、これら2つの活性化に加え、3つ目の「**個 人の活性化**」、すなわち幸福度に影響することが「地域通貨ならでは」の 効果だとしている点です。

　この個人の活性化である「幸福度の指標」を、「ウェルビーイング」と いう考え方で掘り下げていきます。「**ウェルビーイング**」とは、「**身体的 にも精神的にも健康な状態であるだけでなく、社会的・経済的に良好な 状態にあり、満たされていること**」を意味する概念です。

　「精神的な健康」とは、社会貢献や地域貢献活動に参加したり、弱者 支援をするなどの「**善行（いいこと）**」を積むことで体得できる、**精神的 に充足・充実している状態**と捉えることができます。

　「経済的に良好な状態」については、本書では「贅沢ではない普通の生 活を送る上で、経済的な不安がないこと」としたいと思います。この点 は、本書のPart5で幸福感と地域通貨の関係のなかで改めて説明します。

　また、「社会的に満たされた（充足された）状態」という点は、地域通 貨の特徴・本質を考える上で、極めて重要です。心身の健康というのは あくまで個人的なものですが、「社会的」という視点が入ることで、**社 会との関係が良好であること、すなわち社会的責任を果たす**という意味 が出てきます。「利己的なだけでなく利他的」であることが重要である、 とも言えると思います。

　社会貢献・地域活動・弱者支援などの「善行（いいこと）」を積むこと により地域通貨を得られるような仕組みが普及すれば、人々のシビック プライド（地域に対する市民の愛着と誇り）を醸成し、ウェルビーイン グを高めることにつながります。

　本書では、「**地域通貨が幸福感についての新しい価値観を創る可能性**」

第 I 章　「円」より「縁」　21

を提示したいと考えています。

「間違いなく失敗する」と言われても挑戦を続けてきた

ここで少しだけ話がそれますが、「幸福についての新しい価値観を創りたい」という大それたことを考えるに至った私が、地域通貨事業に携わるようになった経緯をお伝えしておきます。

今でこそ多くの自治体が地域通貨事業に取り組んでいますが、やはり事業を継続することの難しさがあることは否めません。詳細は本章の後半で解説していきますが、そもそも地域通貨事業が難しいことは当初から指摘されていました。

私は、2008年に「ITを活かして社会課題を解決し、地域活性化に貢献する」ことをミッションとし、ソニーの社内ベンチャーとして現在の事業を開始しました。原点にあったのは、地方の衰退と拡大する格差をなんとかしたいという思いです。私の地元である福井県のある地域では、人口減少によってかつて行われていた祭りが廃止され、里山も荒れ放題になっていました。そうした地方の課題解決のために、ソニーが開発したフェリカというICカードの技術を活用できないかと考えたのです。

当時の私は、ソニーでフェリカというICカードの国内・海外の営業責任者を務めていました。最初にこの決意を当時の経営トップに伝えたとき、「志とチャレンジ精神はよし。ただし、間違いなく3年以内に会社を畳んで戻ってくることになると思うよ」と言われ、翻意を促されました。その理由は「社会課題というのは基本的に税金で解決するものであって、民間ビジネスモデルで解決できるものではない。できたとしても儲からないだろうし、採算が合わないはず」というものでした。

今でこそ、多くの企業が経営理念やビジョンに「社会課題の解決」という言葉を掲げていますが、当時は人口流出による地方衰退や買い物弱者・移動弱者のような社会課題を自社のビジネスモデルで解決し、収益を上げるということを明示していた企業は珍しかったと思います。

この頃、ソニーのフェリカというICカード事業は、Suica、PASMOなどの交通乗車券や、EdyやWAONなどの電子マネーの事業が順調に拡大していました。また2004年から始まった、携帯電話で電子マネーが利用できて、電車やバスにも乗れるサービス「おサイフケータイ」も好調に推移していた時期でした。そのため、新規事業ではなく本業の拡大にリソースを集中すべきとの指摘も受けましたが、一番の反対理由は「リスクが大きい」ということでした。加えて、「これまでのキャリアを棒に振るのか」という周囲のありがたい声もありましたが、元来「10を100」にするよりも、「ゼロから1を生み10に育てる」ことにしか興味がない性格もあり、なんとか経営陣を拝み倒して社内ベンチャーの設立を認めてもらいました。

　経営トップに直談判したので、頭越しで話を進められた当時の担当役員からは厳しく叱責され、何度も呼び出されて説明を求められ大変苦慮しましたが（当たり前ですが）、最終的には「最近少なくなってきた類いの人種だな」と評され、逆に応援する立場に回って背中を押していただきました。

　本来は、ある程度成功しつつあるビジネスの種があって、その種を新規事業として独立させて大きく育て、拡大していくのが一般的だと思いますが、仮説のビジネスモデルだけでの船出でしたので、数カ月間、売上はほとんどゼロの状態が続きました。設立当初は株主企業からの出向者を中心に15名ほどの社員がいましたが、4億円の資本金が砂時計のように減り続けるなか、約1年半後には社員数は5名に激減。古い工場の最上階の窓もない部屋で、残った社員と共に仕事をしていたころは、朝が来ないことを願ったりもしていました。

　結果的には、少数精鋭の社員とパートナー企業のおかげで、会社を畳んで本社に戻ることはなく、すでに設立から16年が経ちました。

　ただし、経営トップの当時の予言は、ある意味で的中していました。すなわち、社会課題を民間ビジネスモデルで解決するということの難し

さは、想像をはるかに超えるものだったということです。

　同じ行政ビジネスでも、自治体が直接の顧客である公共事業などのビジネス（BtoG）ではなく、市民向けのサービス（BtoGtoC）のビジネスは、市民から対価・料金をもらえないことがほとんどなので、基本的には収益化が難しく、よほど発想を転換し、新たなビジネスモデルをつくらないと利益を出せないという面があります（G：Government＝自治体、C：Citizen＝市民。通常CはConsumer＝消費者）。

　しかしながら、長年にわたっての悪戦苦闘、七転八倒を繰り返した末に、収益化のコツや勘所を見いだすことができ、いくつかの条件を満たせばなんとか収益化が見込めるようになりました。まだまだ安定的な経営体質とは言えませんが。

　頭で考えてばかりいると、失敗したときのリスクのことだけが心配になって及び腰になりがちです。失敗のリスクをよくよく考えた末に「やってみないと何も分からない」「やらないリスクのほうが大きい」という、ある種の開き直りの気持ちでチャレンジして、案の定多くの失敗を経験しながらも、走りながら少しずつの改善を繰り返し、なんとかやってきたというのが正直なところです。

　地方創生・デジタル化・DXの推進といった追い風は吹いているものの、今も「社会課題を民間ビジネスモデルで解決する」ことのハードルの高さに変わりはありません。しかし、「やらないリスクの大きさ」を意識し、リスク評価をきちんとした上で、「やる」を基本スタンスとして、社会課題解決のチャレンジを継続したいと考えています。

　なお、「見えない失敗」「やらないリスク」については、本書の最後の「Message」で詳しくお伝えしていますので、ご参照ください。

コロナ以降、地域通貨に関する問い合わせが急増

　実際、地域通貨の運営に苦労している自治体・地域は少なくありません。地域通貨の1つである商品券事業でも、「紙の商品券は長年実施して

きたが、スマートフォンを利用するデジタル商品券に舵を切ると、デジタルが苦手な高齢者やスマートフォンを持っていない市民が参加できず、恩恵を被れない」という課題は典型的なものです。効率・効果という「経済合理性」で判断する民間企業とは異なり、「公平・平等」を前提とする行政ならではの課題です。

　他の例としては、最初の半年から1年くらいは地域全体が盛り上がって順調だったけれど、その後は政府からの交付金の打ち切りや減額によって地域通貨の発行量も伸び悩み、「メリットが少ない」と離脱する加盟店も増えて、成長の踊り場に差し掛かっている地域も少なくありません。こうしたケースの多さから、「地域通貨に成功事例はない」という見方が定説のようになっていました。

　一方で、新型コロナウイルス感染症が流行し始めた2020年ごろから、消費低迷・景気減速がより鮮明になったこともあり、地域通貨の持つ潜在的可能性についての調査・検討を本格的に始める自治体が増え、当社への問い合わせも急増してきました。新型コロナ感染症は、さまざまな社会課題とその対策の必要性を認識させ、かつ非接触、キャッシュレス、デジタル化などのトレンドとも同期（シンクロ）しながら、多くの自治体で地域通貨の調査・検討が開始されるきっかけとなりました。

　当社への相談が増えているのは、**地域通貨が、日本が抱えるさまざまな社会課題・地域課題の解決に貢献するのではないかという期待が背景にある**と考えています。そこで、「地域通貨とはいったいどのようなものなのか」を、これまでの地域通貨の発展の歴史と進化を含めて解説していきたいと思います。

Part 2

地域通貨は何のために発行されるのか

日本は地域通貨大国だった!?

地域通貨は、1990年ごろから2005年ごろまで日本の多くの地域で発行され、その数については諸説ありますが、これまで400や800、1000を超えるコミュニティから発行されたという説もあります。

その多くは、紙のお札のような紙券で、商店街や自治会単位の発行も多く、参加者は地域通貨の趣旨に賛同する「有志」がほとんどでしたので、普及・拡大にはおのずと限界がありました。

そもそもの歴史を遡れば、人類が物々交換から貨幣を媒介した交換経済に移行した際に用いた貨幣は、貝殻や石などを利用し特定のコミュニティのみで利用される、まさしく「地域通貨」でした。

特定のコミュニティで利用される貨幣のみで回っていた経済が、複数のコミュニティでの交易に拡大していくと共通の貨幣が必要となり、コミュニティがさらに大きくなって国家レベルになると、金貨・銀貨など誰にとっても共通の価値を持つ貨幣が利用されるようになります。

しかし、実は国家単位で発行される貨幣が流通した後も、日本では地域通貨が積極的に活用されていた時期があります。江戸時代に多くの藩で発行されていた「藩札」です。一説によると、全国の藩の8割以上に当たる244藩が藩札を発行していたそうです。藩札は藩という経済圏においての地域通貨そのものだったと言えます。

江戸時代、納税は主に農産物や海産物など現物で行われていましたが（年貢）、江戸では幕府が発行する貨幣と、それを補完するような役割で藩札が流通していました。藩札は、当然ながら藩内だけで通用する経済価値であり、経済循環や殖産興業を主な目的とし、米との兌換も可能だ

ったことから、藩内の経済を支えていました。

当時、庶民はもとより、普通の武士でも江戸に出向く用事がなければ、幕府が発行・管理する通貨を使うことはなかったといわれています。時代劇に出てくる小判や一朱銀などを、地方の藩に住む庶民が使うことはほとんどなかったようです。

江戸時代を通じて多くの藩で独自の藩札が発行され続けたということは、地域通貨という制度・機能が、本来的に藩のような特定の地域経済圏において、全国共通の価値である法定通貨から一定の独立性を保ちながら、経済の安定化と活性化に貢献する可能性があることを示していると思います。

その意味では、**地域通貨はいつの時代においても、自然発生的であり、同時に必然的な面を持っている**と思います。

藩札の流通には一定の制限が加えられていたようですが、実際には、財政難に苦しむ藩はそれぞれの判断で藩札の発行を継続せざるを得ませんでした。重要なことは、それぞれの藩が「目的」を設定して、その目的を達成するために「工夫」して独自の価値である藩札を発行していることです。

このことは、現在における地方の経済的衰退の問題と、本質的には同じだと考えます。江戸時代の藩はいわば現在の自治体です。藩札は自藩の経済圏を成立させ、お金が自藩の外に流れていくことを防衛する役割がありました。幕府発行の通貨は、現在の外貨準備のように蓄えられ、藩内の経済循環に利用されることはなかったようです。

地域の経済活動を活発化させる殖産興業や財政再建、そして自治組織の継続には、独自の藩札という「通貨」を持つことは必然だったと言えます。

金融立国スイスでも地域通貨が活用されている

日本以外の例も紹介しましょう。世界で最も金融が発達しているスイ

第1章 「円」より「縁」 27

スでは、数十年前からスイスフランという国際通貨と、WIR（ヴィア）というスイス国内でしか流通しない通貨を併用しています。ヴィアは、ドイツ語で「私たち」を意味し、英語のWeに当たります。

ヴィアは、スイスフランという基軸通貨を補完することで、スイス国内の企業支援・域内経済循環に貢献しています。つまり、補完通貨としての地域通貨の役割を果たしているわけです。

ヴィアの発行管理を担うのは、1934年に設立されたヴィア銀行です。ヴィア銀行のそもそもの設立の目的が中小企業の産業振興・保護であり、中小企業はヴィアを使うことで低金利の融資を受けることができます。基本的には企業間取引（BtoB）に使われている通貨ですが、スイス国内の企業間で広く利用されれば、スイス以外の国外企業の参入に一定の障壁を設け、国内企業を保護することができますので、スイス国内の経済循環の拡大という「目的」には合致するものだと思います。

行政の事業の入札では、「発注金額の7割をスイスフランで、3割をヴィアで支払う」といった条件の事業もあるそうです。入札において国外企業を排除するのではなく、国外企業が受注・落札した場合もヴィアで支払うことを条件にすると、事業の一部が必ずスイス国内の企業に発注や委託されることになる。つまり、国外企業も国内企業も恩恵を受けられる形になります。

入札において、国外企業に対する障壁を設けることは、国内産業の保護につながり、結果的に国際競争力を弱めることになるなど、いろいろと議論の余地はあるとは思いますが、公的事業の支払いの一部を地域通貨で行うことで、地元企業にお金が回る仕組みにすることは、地場産業の振興・保護という目的のためには、有効な施策だと思います。

金融立国スイスにおいて、**法定通貨を補完する地域通貨が数十年にわたって流通しているということは、ある地域の経済循環・企業支援に地域通貨の補完通貨としての役割が有効であり、必然でもある**ということを示しているのではないでしょうか。

コロナ禍で加速したデジタル地域通貨事業

日本では現在、全国の多くの自治体がデジタル地域通貨事業に取り組み始めていますが、その最初のきっかけは政府の景気刺激策でした。2019年ごろから消費低迷・景気減速がより鮮明になり、新型コロナウイルスの感染拡大によって2020年には地域経済が大きな打撃を受けました。その対策のため、政府は「新型コロナウイルス感染症対応地方創生臨時交付金」として2020年度から2023年度までの累計で18.3兆円の予算を投入。この予算の一部で、自治体を介して地域通貨事業が実施されました。

例を挙げると、飲食店や観光関連事業者支援を目的とした地元の飲食店応援券、県内宿泊補助券、Go Toトラベル キャンペーンなどの旅行割引クーポン、景気対策・生活支援を目的としたプレミアム付き商品券などがあります。

こうした緊急経済対策の実施後、多くの自治体は「せっかく投資したデジタル地域通貨のインフラを継続的に利用すること」を検討するようになりました。**コロナの感染拡大が各自治体に地域の社会課題とその対策の必要性を強く認識させることになり、それを解決するためにデジタル地域通貨を活用しようという機運が高まった**のです。

地域通貨の類型を整理する

そもそも地域通貨は、法定通貨である「円」とは異なり、特定の地域やコミュニティで発行され、流通し、利用される通貨（価値）です。

法定通貨である「円」は日本銀行が発行する日本銀行券と政府が発行する貨幣（硬貨）のみですが、**地域通貨の発行者は、自治体や商工会議所・商店街・コミュニティ組織・地域通貨運営団体など多種多様**です。

12〜13ページに掲載した表を再掲します。ここでは、地域通貨を主にマネー型とポイント型に分けて簡単に説明し、企業Payとの違いにも

第1章 「円」より「縁」　29

「地域通貨」と「企業Ｐａｙ」「企業ポイント」の類型

	類型	主体	施策（目的/対象）
マネー型（Ｐａｙ機能）	地域通貨「マネー」（Ｐａｙ機能）	自治体 商工団体 金融機関	【短期の景気刺激&生活支援】 地元事業者支援 生活者支援（市民）
			【福祉・生活支援】 各種給付金
			【長期の経済対策&生活支援】 地元事業者支援 生活者支援（市民）
	企業Ｐａｙ	企業	企業戦略（顧客獲得）
ポイント型	地域通貨「善行ポイント」	自治体 各種団体 NPO 店舗 企業	【善行ポイント】 健康増進 社会貢献 弱者・困窮者支援 スポーツ・文化活動 次世代への継承 地元商業・観光応援 にぎわいづくり 各種行事・イベント 健康経営（従業員対象）
	企業ポイント	企業	企業戦略（顧客獲得）

触れました。本書では、地域通貨の定義や種類を、一般的に地域通貨と呼ばれているものよりもかなり広義で捉えます。地域通貨の種類を分ける視点については、次の4点で分けて整理したいと思います。

❶ マネー型とポイント型

❷ 紙とデジタル

❸ 発行者（自治体・金融機関・店舗・企業など）

❹ 単発（短期）と継続

※PayPayなど民間企業が運営するキャッシュレス決済のことを、本書では「企業Pay」と呼びます

継続/短期	例
短期	プレミアム付き商品券（プレミアム率は20〜40%が多い） 地元の飲食店応援券・県内宿泊補助券 Go To トラベルキャンペーン
継続&短期	生活応援給付金（全世帯・全市民対象） 子育て世帯対象の給付金・低所得世帯対象の給付金 高齢者支援給付金
継続	継続的な地域通貨事業（プレミアム率は数%）
継続	各種の断続的かつ、お得度の高いキャンペーン 高還元率のキャッシュバックやポイント付与 全国チェーンで利用できるクーポン
継続&短期	健康増進（運動・ウォーキング・検診・日々の健康チェックなど）
	社会貢献／SDGs・エコ・脱炭素 フードロス解消・エシカル消費
	弱者・生活困窮者支援／ボランティア
	スポーツ・文化・芸術活動（同好会・サークル活動） 地元コンテンツの継承（伝統文化・祭事・特産品・匠の技など） 商業振興・観光振興（地元応援消費）
	にぎわいづくり・各種行事・祭事・イベント
継続	各種の断続的かつ、お得度の高いキャンペーン ポイント経済圏への取り込みのためのポイント獲得機会の提供

❶ マネー型とポイント型

　先述しましたが、地域通貨はマネー型とポイント型に分けられます。景気対策を目的として一定期間発行されるプレミアム付き商品券や旅行支援クーポンといった「商品券事業」や、物価高騰下での生活応援や子育て支援のための「給付金」なども広義の地域通貨に含まれます。これらは、**買い物や飲食代の支払い・決済に利用できることから、「マネー型（Pay機能）」**に分類されます。また、現金などをチャージして使う地域通貨もセルフチャージ型として「マネー型」に含まれます。

第 I 章 「円」より「縁」　31

地域通貨における「マネー」と「ポイント」の役割と関係

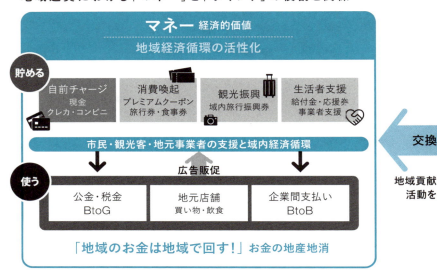

　一方で、**地域で「善行（いいこと）」をするともらえる「善行ポイント」も、「ポイント型」として地域通貨に含まれます**。善行ポイントは、自治体が行政サービスとして推進する次のようなさまざまな取り組みに参加することでもらえます。ポイントは一定数貯まると特典が受けられたり、他のポイントと交換できたり、マネーと同様に買い物での決済（併用決済も可能）に使えたりと、利用方法は地域ポイントによってさまざまです。善行ポイントには以下のような種類があります。

① **健康増進**
ウォーキング、健康チェック（体重・血圧など）、健診・検診受診

② **社会貢献**
SDGs・ゼロカーボン・環境保護などの活動

③ **地元で買い物**
買い物、店舗への来店、商店街イベントへの参加

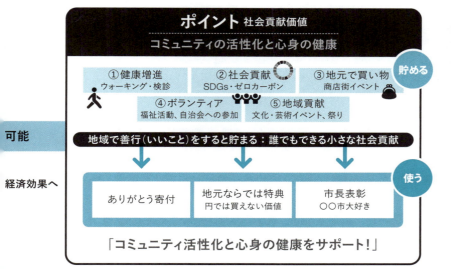

④ **ボランティア**
福祉活動（弱者支援）、各種ボランティア、自治会への参加
⑤ **地域貢献（地域イベント参加）**
文化・芸術・音楽・歴史イベント、祭り、スポーツへの参加と伝承

　以上のように、商品券や給付金などのマネーに加え、健康増進活動やボランティアなどの行政サービスへの参加、地域イベントや自治会活動への参加、地元商店での買い物でもらえる善行ポイントも含め、デジタル・紙を問わず広い意味で地域通貨を捉えてみると、実は全国の約1780自治体のほとんどで、何らかの地域通貨がすでに発行されていることになります。

　市区町村だけでなく、都道府県での取り組みを加えると、何の地域通貨も発行されていない地域はほとんどないとまで言えるのではないでし

ょうか。以上の「マネー型」と「ポイント型」の役割と関係は32〜33ページの図のようになります。

マネー型とポイント型は多種多様な場面で発行され、利用できますが、これらを1つに集約できるのがスマートフォンの強みです。アプリ内で、ポイントをマネーに交換したり、他のポイントに交換することも可能ですので、異なるサービス間での連携もしやすく、新しいサービスを生むことで、利用者にとっての利便性をより高めることが可能となります。

❷ 紙とデジタル

次に、地域通貨の媒体による分類です。最近ではスマートフォンのQRコード読み取り機能を利用したデジタル地域通貨の発行が拡大していますが、元来地域通貨は「紙が基本」であり、「アナログ地域通貨」が長い間、主流でした。

スマートフォンの扱いに慣れていない人や、スマートフォンを保有していない人が取り残される、いわゆるデジタルデバイド対策のために、紙の「アナログ地域通貨」の発行を継続している自治体が、まだまだ多いのが現実です。

最近では、紙の地域商品券とデジタルの地域通貨の両方を同時に発行するケースも多く見られます。利用者の多様性に対応できるというメリットはありますが、同じ地域通貨というサービスであっても別の運用になるので、運営する側としては負荷が大きくなりますし、当然コストも高くなってしまうというデメリットもあります。

やはり、紙とスマートフォンとでは可能なサービス自体に大きな差がありますし、紙というアナログの媒体では利用されたデータの捕捉ができないという致命的な欠点があります。

デジタル地域通貨で捕捉できるデータの活用は、事業のサステナビリティ（継続性）を確保するために重要ですし、加盟店の商売繁盛のための販売促進にも有効です。自治体にとってはデータを分析・利活用する

EBPM（Evidence-Based Policy Making ＝証拠に基づく政策立案）にもつながります。

❸ 発行者（自治体・金融機関・店舗・企業など）

発行者による地域通貨の分類を考えてみます。法定通貨「円」は日本銀行と政府が発行者ですが、地域通貨の発行者に定めはありません。商店街や自治会などのコミュニティが発行できますし、民間企業がポイント管理運営事務局として発行する場合もあります。給付金や行政ポイントなどの地域通貨は自治体が発行するのが基本です。

他のケースとして、地方銀行や信用金庫などの地域の金融機関が、マネー型の地域通貨の発行管理者になることもあります。例えば、1つの地域において、自治体ではなく、地元の金融機関などが代表して地域通貨の発行者となるようなケースです。第3章で紹介するさいたま市の事例も、金融機関がマネー型の地域通貨の発行管理を担います。

有効期間が6カ月を超える地域通貨を発行する場合は、資金決済法が規定する「前払式支払手段」の適用を受けますし、送金サービスを行う場合は、資金移動業のライセンスを保有することが義務付けられるなど、法律に基づいて運用されることになります。

❹ 単発（短期）と継続

「単発か継続か」という視点は、地域通貨を考える上で非常に重要です。地域通貨事業をある目的のために単発で短期間だけ実施する場合もありますし、長期間にわたって継続して実施する場合もあります。

「単発（短期）」の例としては、緊急の景気刺激策としてのプレミアム付き商品券事業や新型コロナ感染症の影響による飲食店・観光事業者支援のための飲食応援券、Go To トラベル キャンペーンのクーポンなどがあります。

「継続」の例としては、自治体として毎年予算化されて継続的に実施

されるようなもの、すなわち子育て給付金や困窮者支援の給付金などがあります。広義の捉え方では、生活保護などの継続的な給付金も対象となります。

「柔軟性の高い便利な道具」である地域通貨は、単発（短期）の事業でも継続的な事業でも、目的に応じてサービス設計できることが大きな特徴です。

地域通貨に設定される「3つの限定」

地域通貨には多くの種類があることを説明しましたが、この多様性を可能にしているのが、地域通貨の持つ「限定」という特徴です。地域通貨は、いろいろな「限定を設定」することで、逆に柔軟性の高い道具になり、多様性が生まれます。「限定」というと「狭める」という印象を持たれやすく、多様性を生むとは考えにくいかもしれませんが、使い方が「限定」されているという特徴によって、多様な地域通貨が生まれるのが、地域通貨の面白いところです。

ちなみに、私は「円」の機能にさまざまな限定を加えて意味を持たせる場合を「限定通貨」とし、限定通貨のうち、「地域に限定」する要素を含む場合を「地域通貨」と位置付けています。限定通貨は、企業の会員に限定する場合もありますし、地域を超えたコミュニティに限定したり、従業員や学生に限定したりする場合などもあります。居酒屋やカフェ、ファミレスなどで、その店舗チェーンに限定して利用できるハウスマネーも限定通貨の1つの形態と言えます。

話を戻して、多くの地域通貨には、「地域・目的・期間」のいわゆる「3つの限定」が設定されています。

「地域の限定」は、利用場所や店舗を限定するということです。発行元の自治体の市内・県内に限定する場合もありますし、飲食店や地元商店街、中小事業者の店舗に限定する場合もあります。

「目的の限定」は、事業の目的に合わせて用途を限定するということ

です。健康増進やボランティア活動、エコ活動などの事業の目的に限定する場合もありますし、市内在住者・子育て世帯・高齢者といった対象者を限定する場合もあります。

「期間の限定」は、利用可能期間を限定するということです。この期間を限定できる、すなわち有効期間を設定できるという特徴によって、前述の「単発と継続」のような地域通貨の分類も可能になります。

注意したい点は、仮に継続事業であっても、例えば「最終利用日から6カ月間を有効期間とする」などの期間を限定する場合があることです。地域通貨を貯めてから利用するまでの滞留する期間をできるだけ短くし、「貯める⇒利用する」の回転スピードを上げて、事業の効果をできるだけ早く、大きく出すことで、目的を早期に達成する狙いがあります。

また、行政サービスの場合は、「単年度予算」に縛られることも多く、1年ごとで事業を区切り、年度予算内の成果を評価されますので、この「期間の限定」という特徴は非常に重要になります。

限定された地域通貨はメッセージを持つ

地域通貨を考えるに当たり、この「限定」という特徴があることは非常に重要です。何かしらの「限定」があるということは、利用者にとっては「制限」があり、「不便」があるということです。

では、なぜ地域通貨はわざわざ「不便」にする必要があるのでしょうか？ 法定通貨「円」が「誰でも・どこでも・どういう目的でも利用できる」という圧倒的な利便性・汎用性を持つのに対して、何かしらの限定がある「不便な価値である地域通貨」は大きなディスアドバンテージがあります。従って、利用者に地域通貨の不便さを受け入れてもらうためには、その**不便さの理由である「目的」を正しく理解してもらうことが必須**となります。それは、地域通貨が持つ「メッセージ」を正しく理解することと言えます。

「道具」としての地域通貨を利用する事業や取り組みには、必ず「目

第1章 「円」より「縁」　37

的」があります。

市民向けの事業としては、「健康寿命延伸」「低所得世帯の生活支援」「ボランティア活動への参加促進」「市民のSDGsへの理解促進と活動支援」「デコ活※などのエコ活動」といったさまざまな目的があります。

事業者向けとしては、「飲食店支援」「商店街の活性化支援」「観光振興のためのコンテンツ開発」「文化・スポーツ・芸術活動団体への支援」「NPO活動支援」など多種多様な目的の事業があります。

おのおのの事業の目的を達成するためには、汎用性が高すぎる「円」ではなく、目的と一体になったメッセージを持つ地域通貨を利用することが有効になるのです。「円」は便利すぎて、何にでも利用できるので、目的通りに利用されることを誰も保証できません。「便利すぎる円」ではなく、「地域・目的・期間が限定された地域通貨」をあえて用いるという考え方は、地域通貨の特徴を理解するために大変重要です。

「地域通貨が持つメッセージ」とはどのようなものか、具体的に考えてみましょう。

仮に、自治体が子育て世帯支援のために、現金3万円を給付するとします。本来は子育てのために消費してもらいたいという「メッセージ」が込められているのですが、何にでも使える「便利すぎる円」では、必ずしも子育て目的に利用されるとは限りませんし、極端な話としてギャンブルに利用されてしまうかもしれません。

一方、3万円分の地域通貨で発行する場合、子育てのための商品やサービスを扱う企業・店舗だけでの利用に地域通貨を「限定」すれば、3万円分の地域通貨が子育てのために利用されることになります。

もちろん、子育て支援のための商品やサービスをどう定義するか、といった課題は出てきます。例えば、レストランやコンビニは子育て商品だけを販売しているわけではないが対象となるのか、モノではなくベビーシッターなど子どもの預かりサービスには使えないのか、などです。どのようなルールにするかという制度設計は、関係者が工夫する必要が

※脱炭素につながる暮らしを創る運動。CO_2を減らす脱炭素（Decarbonization）と、環境に配慮するエコ（Eco）を組み合わせた造語「デコ」に、活動・生活を意味する「活」を加えた言葉

あるでしょう。重要なのは、市民から納められた貴重な税金を原資とした支援金が、限定した地域の店舗やサービスで目的通りに消費されるようにすることです。

利用期間についても、有効期間を設定（限定）すれば、貯金に回ることなく有効期間内で利用されますので、消費刺激策にもなり、市内事業者の売上増にもつながります。

このように子育て支援策を地域通貨で実施するという場合でも、いくつかの「限定」を設定する必要があります。例えば、給付対象を中学生以下の子育て世帯に限定し、利用対象店舗を市内店舗に限定し、利用期間を6カ月間に限定するなどです。

この各種の限定は、事業の目的を達成するためのものであり、**限定内容を具体的に示すことは、おのずと事業の目的を示すことになり、すなわち「メッセージ」になる**のです。地域通貨の利用者や店舗は、このメッセージを理解し、納得して参加することになります。「便利すぎる円」では、このメッセージは薄まり、目的通りに利用される可能性は低くなってしまいます。

ほとんどの国民は、「税金は負担してもいいけど、使い方には大いに問題がある」と感じていると思いますが、**3つの限定（地域・目的・期間）を設定して発行される地域通貨は、税金が少しでも目的通りに利用される可能性を高めるための道具でもある**のです。

制度設計に必要なのは「利己と利他の組み合わせ」

円に比べて不便な地域通貨を納得して使ってもらうには、**「モチベーション（動機）」か「インセンティブ（お得）」、もしくはその両方が必要**です。インセンティブもモチベーションの1つと理解する場合もありますが、ここではインセンティブは、あくまでも「対価性のある誘因」として、モチベーションは、「心理的に前向きになる動機」としたいと思います。

地域通貨は「社会貢献」「地域貢献」「環境保護」「弱者支援」といった
さまざまな利他的な目的の事業に利用されますので、**地域通貨をもらえ
る活動に参加することで、ひとりの社会的存在としての責任を果たすと
いう「誇り」と「地元愛」、その両方を備えた「シビックプライド（地域
に対する愛着と誇り）」が育まれる**と言えます。そうした前向きな心理
的動機づけによるモチベーションにより、地域通貨を利用することの意
義を、頭ではなく腹落ちするまで理解することで、地域通貨の持つ不便
さというハードルを乗り越えるのが理想だと思います。

　ただ、シビックプライドという高尚なモチベーションだけでは、不便
さというハードルを簡単にはクリアできない場合も多いので、その場合
は「インセンティブ」いわゆる「お得」も必要となります。**「お得」は人々
の行動変容に大きな効果をもたらすので、地域通貨の利用を促進し、目
的の実現性を高めます**。「お得」を恒常的に設けなくても、地域通貨を
利用するきっかけづくりには効果的だと思います。

　このインセンティブをどう設定するかという事業設計・制度設計の工
夫が、事業の成否を分ける1つの要因になります。

　また、インセンティブは大きければよいというわけではありません。
例えば、「円より地域通貨のほうが30％もお得！」というインセンティ
ブは大変効果的で、多くの市民が飛びつくと思いますが、この30％の
インセンティブ費用を負担するのは誰か、という問題に直面します。

　プレミアム付き商品券のように政府の景気対策予算を利用する場合は、
行政がインセンティブ費用を負担することになりますが、あくまで単
発・一過性であり、継続性は担保されていません。30％というインセン
ティブが一過性で継続できない場合は反動が大きく、政府の交付金がな
くなった後に自治体がなんとか自主財源で3％のインセンティブを捻出
しても、その程度では反応しなくなるというケースもよくあります。

　事業はサステナブル（継続的）であることが重要ですので、インセン
ティブの設計には細心の注意が必要になります。

「世のため・人のため」という利他的な動機にだけ期待するのではなく、「自分にとってのお得・メリット」という利己的な欲求も満たすことで、地域通貨の不便さという弱点をクリアすることになります。

　この「利他的視点と利己的視点」をどのように組み合わせて制度設計するかが、地域通貨を道具として利用する事業・施策の成否に大きく影響します。「お得」という経済的なインセンティブと、「地域貢献・社会貢献」「世のため・人のため」「地元のため」という心理的なモチベーションの両方を喚起する制度設計が重要であるということです。

　地域通貨のメッセージと意義を理解し、限定による不便さを納得・承諾した上で利用するモチベーション（動機）と、インセンティブ（お得）の両輪をどのような形で実装するかが、地域通貨事業の難しさそのものだと言えます。

　ここで「利他的な動機（モチベーション）」と「利己的な欲求（インセンティブ）」の両方がうまく組み込まれている事例として、川崎市の健康ポイント事業を簡単にご紹介します。詳しくは、第3章のCase14をご参照ください。

　川崎市の健康ポイント事業は2023年10月に始まりましたが、開始から6カ月後には利用者は5万人を突破し、順調に増え続けていて、稼働率（毎月少なくとも一度は利用している参加者の割合）も70％を超えており、成功事例の1つと言えると思います。

　川崎市の事業の特徴は、市民がウォーキングなどで貯めた健康ポイントが、1ポイント＝1円として川崎市の小学校に全額寄付されているということです。どの小学校に寄付するかは、利用者がスマホアプリから選んで決めることができます。**自分が健康になることが、自分のためだけでなく、次世代を担う子どもたちのためになっているということが、多くの参加者のモチベーションとなり、少しでも寄付ができるようにと参加者は日々健康増進活動にいそしんでいます。**

　では参加者には何のインセンティブもないのか？というと、そうでは

第 1 章 「円」より「縁」　41

ありません。参加者の健康ポイントは1ポイント＝1円として小学校に全額寄付されますが、参加者はポイントを利用して企業が「健康事業への協賛」として提供する商品やサービスの抽選に参加できるというスキームになっています。協賛企業が提供する商品の中には、Ｊリーグの人気クラブである川崎フロンターレの試合の招待チケットなどもあります。

通常の自治体の健康ポイントの場合、企業や店舗など協賛社が提供する商品の確保には苦労していますが、川崎市の場合は50社を超える企業が協賛しています。その理由は、「個人が健康になることだけが目的の健康ポイント事業だと協賛理由としては弱いけれど、川崎市の場合は小学校への寄付につながっているので、企業側がぜひ応援したいと思える事業になっている」からだそうです。協賛企業は、スマホアプリの中で広告が掲示されています。

川崎市としては、利用者への特典は基本的に協賛企業が提供する商品で賄っているので、特典商品の購入のために確保していた予算も健康ポイントの発行に充てることが可能となり、小学校への寄付の増額につなげています。

川崎市のスキームは、参加者は健康になり、小学校は寄付により備品を購入でき、川崎市にとっては市民の健康を増進でき（医療費削減が期待でき）、協賛企業は次世代を担う子どもたちを応援できるといった、「三方よし」ならぬ「四方よし」になっていることが成功している理由なのだと思います。

「利他と利己」の話に戻ると、川崎市のスキームは「自分が健康になるために運動する」という自分のための行動が、実は「子どもたちのため」になっているという利他的なモチベーションが働いていることは明らかです。加えて、協賛企業の特典も抽選で当たるという、利己的なインセンティブも用意されているので、モチベーションとインセンティブがうまく設計された「官民連携」の好事例だと思います。

Part 3

韓国に学ぶ地域通貨の有効性

韓国は地域通貨の先進国

　ご存じの方は恐らくまだ少ないと思うのですが、**お隣の韓国は地域通貨先進国で、世界的に見ても画期的な取り組みをしています**。ただし韓国では中央銀行（韓国銀行）に配慮して「通貨」という言葉は使わず、「地域（ふるさと）愛商品券」という言葉を使っています。

　地域通貨の話題が韓国の政治家の政策論争に出てくることは珍しくありませんし、2022年の大統領選の際も、有力候補者が知事時代に地域通貨を利用して社会保障の給付を行った実績をアピールし、その延長線上でのベーシックインカム制度の導入が公約の目玉になっていました。

　韓国においては、地域通貨が消費の域外流出を防ぐ有効な道具・ツールであることが、実証実験ではなく実際のデータで検証されています。従って、「地域通貨を導入するかどうか」という議論ではなく、「政策実現のために、どの予算をどの程度、地域通貨で投入したらよいか」というように、地域通貨の利用を前提として政策が進められています。

　韓国が抱える社会課題である超少子化や、ソウルを中心とした首都圏への人口一極集中による地方の衰退などは、日本と比べてもさらに深刻な状況です。そんな差し迫った社会課題を抱えている韓国では、地域通貨がそれらの課題の解決策の1つであると期待されていて、**「社会福祉の施策を地域経済の循環につなげる」ための重要な政策のインフラになっています**。韓国で議論されているベーシックインカム制度も、現金給付ではなく地域通貨での給付を前提としています。

　日本と同じような社会課題を抱えながら、地域通貨が経済・福祉の社会インフラとなっている韓国の事例には、私たちにも参考になる点があ

第Ⅰ章　「円」より「縁」　43

ると思います。なお、私は2019年に韓国を訪問し、仁川広域市と京畿道という2つのエリアで地域通貨の運営担当者にヒアリングする機会を得て、2023年には地域通貨の発行額を飛躍的に伸ばしている釜山広域市の地域通貨の担当者にも話を聞くことができましたので、その際に得られた情報を中心にご紹介していきます。

「地方の消滅」と超少子化が緊急課題である韓国

韓国の人口減少と地方の過疎化の問題は、日本よりもはるかに深刻です。総人口約5150万人のうち、ソウルや京畿道などの首都圏に住む人の割合は2022年には5割に達しました。日本は東京都とその周りの神奈川・埼玉・千葉の3県の合計人口が総人口の約3割なので、韓国のほうが首都圏への集中度は高いと言えます。

日本では「多くの自治体が将来的に消滅する可能性がある」と有識者がまとめたレポートが発表されましたが（詳細はPart5に掲載）、その考え方を参考に、韓国政府も同様の調査を実施しています。韓国の雇用労働省傘下の韓国雇用情報院は2015年、全国228の自治体のうち35％に相当する80の自治体が、30〜40年後に人口が激減するリスクの高い「消滅危険地域」であると報告しました。[*1]その後2023年には、51.8％に相当する118自治体が「消滅危険地域」であると報告されています。[*2]

人口が日本の半分弱である韓国では、企業は内需だけに依存していては国際競争力で劣ってしまうため、どうしても外需すなわち輸出依存型の産業構造となります。輸出に有利な港湾や空港の近くに工場や物流拠点を建設し、ソウルを中心とした首都圏に企業の本社や人的資源が過度に集中することは避けられず、結果的に大都市と地方都市の経済格差・所得格差は拡大し続けることになります。

また、韓国の最大の課題は「超少子化」です。合計特殊出生率（1人の女性が一生のうちに産む子どもの数の指標）は経済協力開発機構（OECD）加盟国38カ国の中で群を抜いて低い0.72（2023年）で、1.00を切ってい

る唯一の国です。前年の0.78をさらに下回り、8年連続で過去最低を更新しています。[3] 2023年には東京都が1.00を切って話題になりましたが、日本全体では1.20となっており、同じ少子化の課題を抱える日本と比べても、事態の深刻さがうかがえます。

少子化の背景には、住居費や物価の高騰があります。ソウル市内では特別に豪華なマンションでなくても販売価格が1億円を超える物件が珍しくなく、給料が多少上がったとしても生活水準はさほど上がりません。また、結婚後の子育てと仕事の両立の難しさや、学歴偏重社会は、特に若年層の将来不安につながっています。希望のある人生設計を描けないことが、結婚や子どもを持つことをためらわせ、晩婚化と非婚化が進んでいると指摘されています。程度の差はあれ、日本、特に東京都と似たような状況であると思います。

こうした世相を背景に、新生児1人につき1億ウォン（約1100万円※）を給付するといった極端な支援策を実施した自治体もあるようです。

地域通貨の有効性がデータで検証されている

日本の総務省と警察庁に相当する、韓国の行政安全部の資料「地域（ふるさと）愛商品券を運営する地方自治体の現況」によると、2018年末の時点で66の自治体が地域通貨（地域愛商品券）を導入していました。多くの地域通貨事業の運営受託の実績を持つコナアイ社だけでも、2024年3月時点で約60の自治体から事業運営を委託されています。ご参考までに、コナアイ社が2020年から運営を受託している人口約65万人の天安市の地域愛商品券「天安サランカード」は、会員数34万人、累計発行金額は1兆6000億ウォン（約1760億円）に上ります。[4]

多くの自治体が地域通貨を導入している背景には、域外に流出しない地域通貨が地域経済の活性化に有効であることを、中央政府も自治体もデータで認識していたという土壌があります。

地域通貨が、消費の域外流出に歯止めをかけるために有効であること

※1ウォン＝0.11円で換算。以下同

を、なぜ詳細かつ正確なデータで示せたのかには、韓国ならではの経緯があります。

　地方都市の消費がソウルを中心とした首都圏や大規模店舗、ネット通販に流出していて、特に地方都市の中小の零細事業者が苦境に立たされているという状況を、韓国ではデータとして定量的に把握できていました。その理由は、韓国ではキャッシュレス決済比率が約95％を占めていることです。[*5] なかでもスマホアプリでの決済も含め、クレジットカードを基盤とする決済がキャッシュレス決済の大半を占めている「クレジットカード大国」であるためです。クレジットカードでの決済比率は、実に消費全体の約80％といわれています。

　背景には、韓国が1997年のアジア通貨危機でIMF（国際通貨基金）の支援を受けたことから始まった政策があります。韓国政府は国内の消費の活性化を促して経済の立て直しを図るために、クレジットカードを利用したさまざまな政府主導の消費振興策を導入しました。クレジットカードの利用を促すことで、当時問題となっていた現金による不正・脱税行為を防ぐことも目的とされていました。

　政府は国民のクレジットカードの利用金額に応じて、年間給与所得の一定割合の所得控除を認め、宝くじの賞金の抽選への参加やポイントの獲得といった特典まで付けました。また、領収書の発行条件も現金ではなくクレジットカードでの支払いを必須とするなど、政府がクレジットカード利用の普及拡大を国策として進めたのです。

　クレジットカードのキャッシング限度額の廃止まで行い、徹底的に消費を促したことで経済は回復しましたが、クレジットカードの使い過ぎによる多くの自己破産者を生んだことが社会問題となり、その後は利用限度額が厳しく設定されるようになりました。

　一方で国民は所得控除を受けるために、国民IDとひも付いているクレジットカードを利用する必要がありました。この**「国民IDとクレジットカードがひも付いている」という仕組みにより、政府は国民の消費支**

出のデータを高精度で捕捉できるようになったのです。国民の住所と消費データを捕捉できるということは、所得のうちのどれだけが、居住している自治体以外で消費されているかを把握できることを意味しています。

　私が最初に訪問した2つの自治体の担当者によると、地域通貨導入時点（2019年）での消費の域外流出率は、仁川広域市では52.8％、京畿道では44.9％でした。個人所得の約半分が、隣接するソウルを中心とした首都圏やネット通販、全国チェーン店で消費されており、特に中小事業者（零細店舗）の経営が苦境に追い込まれていたことが地域通貨導入の背景にありました。

　HANKYOREH（ハンギョレ）という韓国の日刊新聞の電子版に、「路地商店街に約2千億円分発行…新年、全国で地域通貨が浮上」という2019年1月4日付の記事が公開されており、日本語で読むことができます。[6] 少し古い記事ですが、韓国が消費の域外流出による地方の衰退を大きな問題として捉え、その解決策の1つとして地域通貨を導入した際に、流出額・流出率を正確に把握していたことがよく分かります。

韓国の地域通貨はICカードとアプリの「いいとこ取り」

　韓国の地域通貨には、システム面で2つの特徴があります。

　1つ目は、スマホのQRコードで決済するのではなく、決済時にはICカードを利用する点です。ICカードは自治体が発行するもので、クレジットカードではありませんが、店舗のクレジットカード決済端末にクレジットカードと同様にICカードを挿入して使用します。

　チャージをしたり、残高を確認したりするときはスマホアプリを利用しますが、店舗で決済する際にはICカードを利用することを基本としています。つまり、店舗にあるクレジットカード決済用の端末をうまく活用しているのです。

　この仕組みのメリットは、韓国では屋台にまで普及しているクレジットカード決済端末のインフラを利用することで、店舗側の初期投資がほ

ぼ不要になっている点。また、各店舗が毎月行う地域通貨による決済額の精算も、既存のクレジットカードのインフラをそのまま利用できるため、運用コストも低く抑えられる点です。

　強調しておきたいのは、カードを利用したこの運用方法が、必ずしもスマホのQRコードを利用する方法に比べて劣っているわけではなく、むしろ優れた点が多いということです。先述した通りクレジットカードと国民IDがひも付いていることから、消費の域外流出率や流出金額を算出できます。さらに国民IDとひも付いたICカードの地域通貨を発行することで、地域通貨の導入前後の地域内での消費や所得の増減を把握でき、日本ではなかなか実現できないEBPM（証拠に基づく政策立案）が可能となっているのです。

　地域通貨の媒体にICカードを利用することは、スマホを持たない人や高齢者などとのデジタルデバイド対策になっていますが、他にもメリットがあります。ICカードという形式によって、自治体だけでなく企業や学校などが多様な特典を付けた独自のカードを発行することができており、これも韓国での地域通貨の普及の理由の1つだと思います。

　代表的なものが、自治体単位で発行する独自のカードです。仁川広域市の地域通貨を市民が利用した際のキャッシュバックは決済額の6％が基本ですが、基礎自治体（広域市の中で区分けされた最小単位の自治体）である区や郡が独自に発行するカードでは追加で4％のキャッシュバックを付け、利用者は最大10％のキャッシュバックが得られるようになっています。

　また、地域通貨のICカードを、学生証やマンションの入館用ICカード、交通系ICカードなどと一体化させたものも発行されており、それぞれの発行者が、カードの利用者限定の割引特典を設けたりもしています。公的企業や官公庁の職員証、市議会議員証などと一体化させた地域通貨カードも発行されています。

　変わったところでは、新型コロナの感染拡大で生活に困窮した芸術家

向けに個別の特典を提供する「芸術家カード」や、女性青少年（9〜18歳）の健康的な成長を支援する保健衛生用品を支給するためのカードを、地域通貨の機能を備えて発行する基礎自治体の例もあります。

　2つ目のシステム面での特徴は、地域通貨のICカードへのチャージにクレジットカードは利用できず、基本的には銀行口座からしかチャージができない点です。クレジットカードの使い過ぎや不正利用などが増えていることから、それらの問題を防ぐのが狙いです。

　韓国の地域通貨はクレジットカードの利用を介さずに、クレジットカード決済端末とその精算スキームという長年構築してきたクレジットカードのインフラだけを利用しているのです。無論、「ただ乗り」しているわけではなく、地域通貨で決済された際に店舗側が運営委託事業者に払う決済手数料は発生しています。手数料はクレジットカードよりも安い、決済額の1％以下で設定されているケースが多いようです。

　前述のように地域通貨へのチャージや残高確認はスマホアプリで行います。ICカードとスマホアプリを併用することで、広く普及しているクレジットカード決済端末をインフラとして利用でき、利用者はスマホアプリで残高やサービスの情報も確認できるという、両方の「いいとこ取り」をしていると言えます。

　韓国の地域通貨は、利用者にとっては利便性の高さやキャッシュバックなどのメリットが大きく、自治体にとっては政策立案に役立つデータが得られ、既存のクレジットカード決済インフラを利用することで安いコストで実現できている、実にスマートなシステムなのです。

地方の中小事業者を優遇しながら地域通貨を運用

　2019年当時、韓国の地域通貨の運営主体は自治体でしたが、その後、民間企業に運営が委託されています。また、中央政府と自治体がキャッシュバックのインセンティブを共同で負担している点は、韓国の地域通貨の大きな特徴です。ただし、決済額に対する6％のキャッシュバック

のインセンティブは、仁川広域市や京畿道という広域の地域（日本の都道府県に相当）で共通に得られるので、市・郡・区といった基礎自治体（日本の市町村に相当）間での消費の流出・流入競争が避けられないという課題が残ります。

　そのため、**基礎自治体が自前の予算で４％の追加インセンティブを地域通貨に設定することが可能になっています。利用者にとっては、居住する基礎自治体での使用で６％＋４％で最大10％のインセンティブが享受できるので、かなりお得です**。ただし、毎月の利用限度額が設定されているので、際限なくインセンティブが享受できるわけではありません。ちなみに毎月の利用限度額については、当初は100万ウォン（約11万円）に設定されていました。

　また、韓国には昔から「地方が衰退すれば国が滅ぶ」という考え方があり、政策としても地方の中小事業者の支援・保護に重点を置いています。地域通貨の利用対象店舗は年間売上10億ウォン（約1.1億円）以下などの中小事業者に限定されており、大型店・チェーン店・ネット通販での利用は制限されています。地域の衰退に歯止めがかかり、地域経済が活性化することは、長期的に見れば大規模店舗やチェーン店にも恩恵があると理解されていることから、中小事業者の優遇に対する大企業からの目立った反発はないようです。

　韓国の地域通貨事業が、サステナビリティ（継続性）を意識して将来構想を策定している点にも学ぶことが多いです。単に国民に対して地域通貨の利用を促すだけでなく、地域通貨事業に参加する中小事業者の商売繁盛を後押しすることにも腐心しています。例えば、自治体主導で開設するオンラインモールでの販売においても、中小事業者に対しては出店料を無料に設定し、国が運輸企業と提携して配送コストを下げるなど、間接費用を低減するための支援を実施しています。

　一方で、中小事業者が行政へ過度に依存しないように、店舗の自助努力を促す施策も実施しています。具体的には、地域通貨での決済に対し

て店舗の判断で最大7％のキャッシュバック特典を付けられるシステム
を提供しています。この独自の特典を付与する店舗を「OK PLUS（OK
プラス）加盟店」として地域通貨アプリの店舗紹介の上位に表示させる
ほか、販促・PR活動などの面で各種の優遇策を実施しており、売上増
のために努力する店舗をきめ細かく支援しています。

京畿道の「福祉と経済の二兎を追う」地域通貨政策

首都ソウルに隣接し、人口約1360万人を有する京畿道には28の市と3
つの郡があり、各自治体が特色のある地域通貨カードを発行し、運用し
ています。京畿道の地域通貨政策の最大の特徴は、社会福祉の予算を経
済効果につなげるということを当初から主眼に置いている点です。

具体的には、**社会福祉事業の給付金を現金ではなく地域通貨で発行し
ており、福祉目的の多額の予算が地元の中小事業者の売上増につながる
ことを焦点にしています。**

京畿道の地域通貨の歴史をひも解いてみましょう。2022年の大統領
選で敗れた李在明氏は京畿道の知事でしたが、知事になる前は京畿道に
ある城南市の市長でした。李氏は城南市長時代の 2016年に、市内の満
24歳のすべての若者に年間100万ウォン（約11万円）を「青年配当」とし
て地域通貨で給付しました。さらに、2018年6月に京畿道知事に当選し
た李氏は、城南市で実施した「青年配当」を「青年基本手当」という名前
に変更し、2019年から京畿道の満24歳のすべての若者に年間100万ウォ
ンを地域通貨で給付しました。

「基本手当」という給付金の政策が、その名の通り「ベーシックインカ
ム構想」に発展し、のちの李氏の大統領選の際の公約にもつながったの
です。このように社会福祉関連の給付を地域通貨で行い、地域経済への
波及効果につなげることを、李氏は「福祉と経済の二兎を追う」と表現
しました。ベーシックインカム制度の議論の行く末はさておき、その構
想を、自らの政策によって得られたデータを論拠としながら主張してい

第1章 「円」より「縁」　51

た点が注目に値します。

実際、社会福祉関連の給付を現金で実施しても、貯金に回ったり、ギャンブルに使われたりするかもしれず、確実な経済効果につながるとは限りません。しかし、地域通貨で給付すれば有効期間内に地元で消費される確度が高いので、「福祉と経済の二兎を追う」ことが可能になるのです。

釜山で120万人が利用する地域通貨「トンベクジョン」

ここで2023年に現地の自治体担当者にヒアリングをした、人口約330万人の釜山広域市の地域通貨「トンベクジョン」をご紹介します。

2019年12月末に始まったトンベクジョンは、他の地域通貨と同様に地域経済の活性化と中小事業者の支援を目的としており、キャッシュバック率を最大10％としたことによって順調に利用が拡大しました。アプリ開発などの一部の業務は民間企業に委託していますが、運営は釜山広域市内の15区1郡の基礎自治体が中心に行い、トンベクジョンを活用した販促やイベントなども実施しています。

トンベクジョンカードの有効期間は発行日から5年間で、これはクレジットカードや他の地域通貨カードも同じです（給付金の有効期間は3年間の場合もあります）。地域通貨の入手方法は、①利用者がアプリ上または釜山銀行の支店で自分の銀行口座からチャージする、②自治体からの給付金（政策手当）の入金、の2通りです。給付金には出産祝い金、学生服の購入補助金、公務員向けの福祉ポイントなどがあり、2023年の発行総額は約2億1000万円でした。ちなみに2020〜2021年にはコロナ禍での特別補助として、さらに多額の給付金を支給しています。

利用者が銀行口座からトンベクジョンカードにチャージする金額は、1人当たり年間平均約50万ウォン（約5.5万円）で、市全体では年間約1〜2兆ウォン（1100億〜2200億円）と大量に発行されており、キャッシュバックのインセンティブの費用は中央政府と自治体（釜山広域市と

各基礎自治体）が負担しています。**中央政府の負担率は約3分の1です。**

　また、クレジットカードではチャージができないのですが、その理由は信用リスクなどに加え、クレジットカード決済でもポイントが貯まることによってインセンティブが重複してしまうためです。

　利用できるのは市内の中小事業者の店舗が中心です。ギャンブルには使用できないなど業種の制限や、売上規模の制限もあり、年間売上30億ウォン（約3.3億円）以上の大型店やスーパーは加盟店として参加できません。

　2023年時点のトンベクジョンの加盟店数は約15万店で、中小事業者のほとんどが加盟店として参加しています。韓国ではQRコード決済の普及は遅く、QRコード決済が利用できる加盟店数は約2万店となっています。**トンベクジョンの利用者数は約120万人で、釜山広域市の人口の3分の1強に相当しますが、カードを所持できるのは14歳以上なので、対象者の約40％が利用していることになります。**[*7]釜山の地域通貨トンベクジョンが、地域経済の重要なインフラとなっていることが数字でも読み取れます。

　順調に利用拡大が進んできたトンベクジョンですが、政権交代と市の財務状態の悪化により、2024年5月時点では最大キャッシュバック率が10％から5％に下げられています。そのため利用金額はピーク時に比べると下がっているようですが、**利用者にとっての利便性を高め、魅力的なサービスを拡充すること、中小事業者の広告・販促機能を強化することなどに力を入れ、「インセンティブだけに頼らないサステナブルな事業」を目指している**とのことです。

　以上、韓国の地域通貨事情をご紹介しましたが、日本のように単発・短期の事業ではなく、また発行金額も**日本の場合と桁が違う規模で「徹底的に」**発行されています。給付金の発行なども地域通貨で行うことで、福祉予算も無駄なく効率的に地域経済に還流させる**「福祉と経済の二兎を追う」**という基本的な考え方が実践されているのです。

第1章　「円」より「縁」　53

Part 4

成功する地域通貨、失敗する地域通貨

地域通貨事業は成功しているのか？

　2016年出版の前著『地域通貨で実現する地方創生』（幻冬舎）では、地域通貨が大きな可能性を持っていることをお伝えしましたが、実際、その後数年間で状況は文字通り一変しました。私の楽観的な予測をはるかに超える多様、かつ巨額の地域通貨が全国で多数発行されています。

　発行される地域通貨の金額は膨れ上がっている一方で、いまだに「地域通貨は成功しない」という意見もあるのはなぜでしょうか？　私としては、「成功しているとも言えるし、失敗しているとも言える」と考えています。

　より正確に言うと、地域通貨の類型にもよります。例えば、国の給付金を原資として発行されるプレミアム付き商品券事業は、プレミアム率が高く設定でき、企業Payのお得の魅力にも負けないことも多いです。そもそも給付金は、自治体から対象者全員に給付されるわけですから、対象者にとっては受け取らない選択肢はなく、このタイプの地域通貨はもくろみ通り「成功」する可能性は高いと思います。

　ただし、給付金を地域通貨で発行する場合、現金での給付に比べ利用店舗などが「限定」されることになり、従来よりも不便になることで市民からの反発が出ることが想定されます。

　地域通貨の成功が難しいのは、個人が自分の現金を地域通貨アプリにチャージして利用する「セルフチャージ型」の場合です。日本全国どこでも使える企業Payではなく、地域通貨アプリに現金をチャージするインセンティブをどう設計するかが課題となります。

　セルフチャージの際にインセンティブとして20％近くのプレミアム

を付与する場合などは、参加者も増えやすいですが、1～2％程度のプレミアムでは、企業Payのお得の魅力にはかなわないということで、セルフチャージがもくろみ通りに増えないといったケースはよくあります。このセルフチャージを促進するためのインセンティブ設計のハードルの高さが、一般的に「地域通貨は難しい」といわれる大きな理由になっています。

当社が16年以上にわたり、多くの失敗をしながら試行錯誤を続けてきた経験から言えることは、「地域通貨は間違いなく地域経済活性化のために有効な道具であり、ポテンシャルは大きいけれど、サステナブル（継続的）な成功のための仕掛けは容易ではない」ということです。

地域通貨の制度設計に必要なサステナビリティの視点

地域通貨の成功度を測るための管理指標（KGI/KPI、詳細は後述）の1つを地域内で循環する「発行量」もしくは「流通量」とした場合、継続的に一定以上の「流通量」を確保し、サステナブルな運営をすることは、容易ではありません。

特に、「継続的に」という点が難しく、自治体の短期的な施策で多額の地域通貨を発行しても、地域通貨の利用を促進する予算が続かず尻すぼみになってしまい、「地域通貨は成功しない」といわれる原因の1つにもなります。継続的な効果、将来への布石といった戦略がなければ「バラマキ批判」にさらされることになりかねません。

短期的な景気刺激策または地元の店舗・企業の短期的な支援が目的であり、長期的な効果は期待していない、バラマキと批判されても構わない、という割り切った考えであればそれでいいのかもしれませんが、せっかく税金を投入するのであれば、将来のためのレガシー（将来への遺産）になるような使い方をしてほしいものです。

加えて、地域通貨事業には「（行政や企業が）お金をかければ成功するわけではない」という面もあります。企業が多額の投資をして最先端の

第 I 章 「円」より「縁」　55

地域通貨システムを開発したり、加盟店舗を増やすために営業人員を大幅増員したりすれば必ず成功する、というわけではないということです。自治体が一時的に予算を確保して地域通貨事業を実施しても、自走できる仕組みができていなければ、予算がなくなったときに事業の継続が危ぶまれることになりかねません。予算があるうちに、**行政に過度に依存せずに、自律的に自走できる事業に昇華させねばなりません。**

　事業は継続すること、すなわちサステナブルであることが重要ですので、お金をかけて一時的に広まったように見えても、お金をかけられなくなって事業が終了することになってはあまり意味がないわけです。

　地域通貨事業を継続できるようにするためには、「地域エコシステム」という仕組みを構築することが必要です。その考え方については後述しますが、まずは地域通貨事業の成功のための必須条件（必要十分条件ではありませんが）を3つお伝えします。

地域通貨事業成功のための必須条件　①目的と手段（道具）を履き違えない

　残念ながら、地域通貨の事業そのものを目的として位置付けている自治体が驚くほど多いという実態があります。

　本来であれば、**「自分たちは何をしたいのか」という目的があり、その目的を実現するための事業や取り組みがあるはず**です。例えば、緊急経済対策としての消費喚起や飲食店支援、子育て支援、低所得世帯支援、健康寿命の延伸、ボランティア活動への参加促進など、事業の目的はさまざまです。地域通貨は、これらの事業や取り組みの実現に、市民の具体的な行動を結び付けるための大変便利で有効な「道具」です。

　韓国ほどのレベルではないにしても、地域通貨の利用データを随時把握することで、事業の目標の達成度を測り、道具として役立っているかを検証することができます。その際には後述するような適切な管理指標（KGI/KPI）の設定が必要です。しかしながら、目標や指標を設定せずに、事業の達成度も検証せず、資金切れで継続できずに終わってしまう

ケースが少なくありません。

地域通貨を「道具ではなく目的」として事業を進めてしまうと、まず間違いなく失敗することになると思います。

地域通貨事業成功のための必須条件 ②**管理指標（KGI/KPI）での進捗管理**

地域通貨事業は始めるのは簡単ですが、サステナブルな事業にすることは難しいので、定量的なデータを継続して把握・分析し、次のアクションを策定することが重要です。

そのためには、まずは**地域通貨事業の成功の定義を定め、進捗を随時確認できる仕組みを構築する**必要があります。事業である以上は、KGI（重要目標達成指標）やKPI（重要業績評価指標）といった定量的な管理指標で、進捗や成果が確認・判断されるべきです。その上で、計画（仮説）の実行→反省（振り返り）→適切な課題設定→具体的な対策の実行というPDCAサイクルを回していくことが、他の事業と同様に求められます。

地域通貨事業についての調査・ヒアリングをする際に、不思議なことですが、利用者数、加盟店数、発行金額について累計の数字（最大値）で成果を説明されるケースがよくあります。累計の数字は減ることがないため「現状」を正確に捕捉できず、「今後の課題」の適切な設定も、「問題の見える化」もできません。累計の数字も重要ではありますが、時に重大な問題・リスクを隠してしまう場合がありますので、**単月の数字の変化・推移**を重視すべきです。また**分析には「割り算」が重要**で、例えば前年同月比は成長分析の指標として有効です。これらは普通のビジネスでは当たり前のことです。

●**累計の数字に満足していないか？（累計の数字は問題を隠しがち）**
・毎月継続的に利用するアクティブユーザーは増えているか？
・毎月継続的に発行金額・利用金額（流通量）が増えているか？
●**利用者や利用店舗が固定化されていないか？**

第1章　「円」より「縁」　57

・安定収入のための得意客・ヘビーユーザーの数は増えているか？

・将来の安定収入のための新規利用者・新規加盟店は増えているか？

●**行政（政府・自治体）からの予算に過度に依存していないか？**

・行政の支援が減ったり、なくなったりした際のリスク対策は？

・行政に過度に依存しない、自律自走の準備は進めているか？

などの厳しめの視点で見てみると、これらの管理指標（KGI/KPI）を健全にクリアし続ける地域通貨事業はないに等しいと思いますので、「地域通貨に成功例はない」といわれていることは、あながち間違いではないと感じます。

データを捕捉・分析することで、自治体が将来の施策を客観的・定量的なデータを基に策定するEBPM（証拠に基づく政策立案）にもつながります。

地域通貨事業成功のための必須条件 ③経済対策だけを目的にしない

地域通貨は「通貨」という名称であることから、どうしても「お金」や「貨幣」に近いイメージを持たれがちで、「地域通貨は経済分野に資するもの」と考える人が多いようです。確かに、地域通貨は地域経済循環を促すものであり、それが最も重要な役割だと思います。

実際、景気刺激策はどの地域でも優先されます。しかし、地域通貨を経済対策の道具、すなわち「決済手段＝Pay機能」としてだけ位置付けて、地域通貨が本来持っている大きな可能性に注目しないと、近視眼的にしか事業を捉えることができず、「商品券事業として半年間利用しただけで終了」となりがちです。

しかも事業の設計がうまくできていないために、唯一の目的としていた経済波及効果も大して見込めず、「地域通貨の効果は小さい」とか「地域通貨は難しすぎる」といった短絡的な判断に終わってしまうケースが多いのは、あまりに残念な状況だと思います。

地域通貨は、地域経済の活性化だけに資する道具ではなく、さまざ

な社会貢献・地域貢献活動、弱者支援活動、コミュニティ活動、文化・スポーツ・芸術振興の活動、健康・SDGs・ボランティア活動など、地域のあらゆる活動の活性化をサポートする「道具」としても機能します。

Part1でも触れましたが、地域通貨には、**❶地域経済の活性化、❷コミュニティの活性化、❸個人の活性化（ウェルビーイング）**いう3つの役割があります。経済面だけでなく、非経済面にも重要な役割を果たすことで、一人ひとりの幸福感の向上やウェルビーイングにつながります。

一方、こうした経済面・非経済面の異質な役割をはらんでいることが地域通貨の難しさでもあります。**❶地域経済の活性化**は、地域通貨のPay機能により数値化できる分野ですが、**❷コミュニティの活性化、❸個人の活性化（ウェルビーイング）**は、経済合理性では測りにくく、社会的・文化的・情緒的とも言える分野です。この両方の分野に貢献できるポテンシャルを持つことに地域通貨の本質があり、「両分野をブリッジさせることで相乗効果を生む」と考えています。

地域通貨を経済対策のためだけの道具と捉えず、コミュニティや個人の活性化といった非経済面の要素を取り入れて設計していくことが、事業の継続性にもつながります。地域通貨の両面性を理解した上で、バランスを取りながら事業を実施していく必要があります。

地域通貨をあらゆるステークホルダーの共通価値にする

これらの必須条件をクリアした上で、地域通貨事業を成功させるためには、地域のあらゆるステークホルダーが相乗りして参加できる仕組みにすることが重要です。本書では**「道具」としての地域通貨を「通貨」というよりも「価値」と捉え、「地域のすべてのステークホルダーを横軸に通す地域全体の共通価値」として位置付けたい**と思います。

利害関係が異なる各ステークホルダー（市民・行政・企業・店舗・学校・NPOなど）は、もともと縦割りの状態でそれぞれが頑張って取り組んでいるのですが、残念ながら相乗効果（シナジー）を生んでいません。

地域通貨は、そのバラバラの取り組みに共通性・一貫性を持たせて横軸を通すことで相乗効果（シナジー）を生む可能性を持っていますので、「地域全体の共通価値」と位置付けられるのです。

地域内のあらゆるステークホルダーが地域通貨に参加し、相乗効果（シナジー）を生むスキームのイメージが、こちらの**「煙突モデル」**です。前著でも強調した考え方で、地域通貨の本質的な課題と解決法を示すものです。

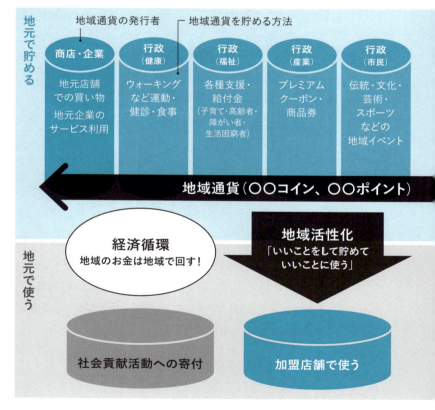

上段は地域通貨の「貯め方」を示し、下段は「使い方」を示しています。上段の長い煙突群が地域通貨の「発行者」であり、どういう目的で地域通貨を発行するかを示しています。下段の短い煙突が地域通貨の利用先・利用方法を示しています。

　図の真ん中を横軸で通す矢印が最も重要で、「地域全体の共通価値」としての地域通貨です。すべてのステークホルダーを横軸で通している様子は、各ステークホルダーが共通の地域通貨を「発行」していること

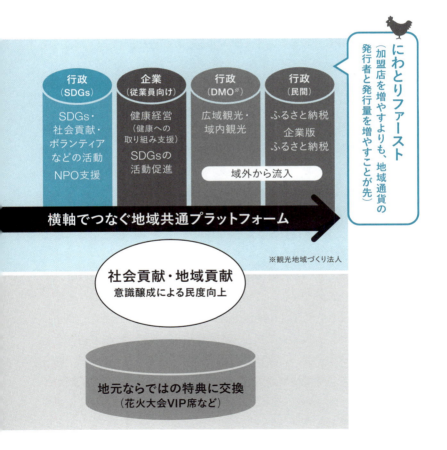

を示しています。

　ステークホルダー間の利害関係もあるでしょうし、縦割りを突破して横の連携を図るには大きな障害や困難があると思いますが、それらのハードルを乗り越えて、1つの地域通貨を地域の共通価値として、まずは「発行」することが、地域通貨事業の成功に大きく近づく最初の一歩になるのです。

「にわとりファースト」で発行者同士が連携する

　地域通貨事業の成否は、煙突モデルの図における上段の煙突が握っています。すなわち、**多様なステークホルダーが責任を持って地域通貨を発行するとコミット（約束）する**ことが、成功のためには必須なのです。

　前のページの図の右上に「にわとりファースト」と記載していますが、これは地域通貨の各発行者が、一定の発行量を約束することが地域通貨事業の成功の鍵であることを表現しています。そのためには、各発行者が発行のための予算を確保することが必要です。「にわとりが先か、卵が先か」という問いをご存じの方も多いと思いますが、地域通貨の発行者をにわとり、加盟店をはじめとする利用先を卵に例えると、**利用先である加盟店を増やすよりも、発行者と発行量を増やすことを先に行う、つまり「にわとり（発行者のコミット）が先（ファースト）」であること**が何よりも重要なのです。

　地域通貨の成功には、**上段の煙突の「多様性」**も重要です。行政だけ、あるいは商店街だけが頑張って発行しても、地域通貨事業として成功することはありません。地元の店舗で買い物をする、さまざまな行政サービスに参加する、企業の従業員が健康増進やSDGs活動に取り組むなど、多様なステークホルダーが地域通貨の「発行」に参加することで、利用者が**いろいろな機会で地域通貨という共通価値をもらえる制度設計が必要**です。ステークホルダーが縦割りのまま、それぞれが独自のポイントを発行していては、相乗効果は生まれず、地域の全体最適の取り組みに

はつながりません。

　ステークホルダーを横軸で通した形で地域通貨の効果を引き出し、さらに拡大させるには、スマートフォンを利用した仕組みにすることが欠かせません。スマートフォンは、地域通貨の持つポテンシャルを最大限に発揮させるのです。

地域共通プラットフォームとしての地域通貨

　スマートフォンを活用した「地域全体の共通価値」である地域通貨に、多様なステークホルダーが参加することで、地域通貨は地域のプラットフォームとなります。**スマホアプリによって、「煙突モデル」の横軸として示される地域のプラットフォームは、常に市民の手の中にある、身近で日常生活に欠かせないものになること**を目指すべきでしょう。自治体の各部署や地元企業・加盟店・学校・NPOなどの各ステークホルダーは、**単独では到底実現できない地域全体のプラットフォームに参加することで、そのプラットフォームの恩恵も享受できる**ようになります。「プラットフォームに参加する」ということは、各ステークホルダーが「無理のない範囲で地域通貨を発行する」ということです。これまで縦割りで取り組んでいた地域の各ステークホルダーが、このプラットフォームに参加する、すなわち共通の地域通貨を発行することで、お互いがつながり、縦割りが解消されるだけでなく、相乗効果（シナジー）によるメリットを得られるようになります。

　たとえ弱体化していた組織や団体であっても、組織内のやる気のある人が音頭を取ってプラットフォームへの参加を決めて地域通貨を少しでも発行するだけで、その恩恵を受け、組織を強化できるかもしれません。プラットフォームの参加者が増えることで、ライバル同士の組織がそれぞれに参加しても、ライバルであることのデメリットよりも、プラットフォームに参加することで得られるメリットのほうが大きいはずです。

　私は、このプラットフォームの考え方を「苗床」と呼びます。「苗床」

第１章　「円」より「縁」　63

には、誰でも気軽に参加できて、自分だけではつくれない共同インフラを利用できるという大きなメリットがあります。「共通の地域通貨を発行する」という「苗床」への参加条件さえクリアすれば、自力では到底築けないプラットフォームの恩恵を受けることができる「可能性」があるわけです。

ただし、いいことばかりではありません。植物の世界のように「苗床」の植物すべてが、花を咲かせ、果実を実らせることはありません。一定の淘汰は自然の摂理ですので、残念ながら枯れてしまうものもあるのが現実です。具体的に言えば、「苗床」に参加しても、失敗する企業・事業もあり得るということです。たとえ事業が失敗したとしても、何度でもチャレンジできるのが「苗床」というプラットフォームであることは、言うまでもありません。

重要なのは、「苗床」という地域共通の、まさに「オープン&ニュートラルなプラットフォーム」に、誰でも気軽に参加できるというハードルの低さです。「ハードルが低い」ということは、ヒト・モノ・おカネといったリソース的に不利な中小事業者も、やる気さえあれば容易に参加ができて、成功するチャンスがあるという「機会の平等」があることを意味します。

しかしながら、「成功の可能性がある」とか「機会の平等」だけでは参加しない方も多いのは現実です。だからこそ地域通貨の成功は難しいのですが、参加しない理由もさまざまです。「自分たちは自力でやっていける」「まずは、費用対効果を見極めて判断したい」という自主独立型思考の方はよいのですが、「手数料の負担はしたくない、タダなら参加してもいいけど」とか「共通プラットフォームを使う事業に参加することで、顧客も"共通"になってしまい、自店の顧客がライバル店に取られてしまう」「参加するだけで自動的に売上が増えるという保証がない」といった他者依存型や後ろ向き思考の方も、結構います。

「自分さえよければいい」「周りのことなど気にしてはいられない」と

いった利己的な了見の方が多いと、地域通貨事業が成功することはさらに難しくなります。地域のため、困っている人のため、地球環境のため、次世代のために、自分が少しでも貢献しようという気持ちもなしに、果実だけを得ようという「フリーライド（ただ乗り）」の了見の人が多いのが実情です。

　地域共通のプラットフォームに参加するということは、プラットフォーム全体の成功に貢献することで、初めて自分もメリットを得られる「可能性」があるということです。自分も地域という生態系（エコシステム）の一員であることの意識と振る舞いが期待されますし、この「利他的」もしくは「公」という感覚が起点となって意識変容が生まれ、行動変容につながることが、地域活性化のムーブメントを起こせるかどうかの要なのだと思います。

　「情けは人のためならず（やがては自分のためになる）」という考え方と似ているかもしれません。「情け」に当たる利他的な活動を実践し、参加者が増えることで活発になり、ムーブメントになれば、自分自身にも何かしらのメリットがもたらされることになるのだと思います。そのメリットとは、物質的な「お得」かもしれませんが、「誰かのためになっている」という精神的な充足感につながれば、「円」という経済価値では測れない新たな幸福感が得られると思います。

　地域プラットフォームに参加し、利他的活動を通じて地域との関わりを持つことを「縁」という新たな価値として捉えると、**「縁」は「円」という経済価値とは異なる社会貢献価値であると言えます。地域通貨事業に参加することで、まさに、本書のタイトルでもある『「円」より「縁」』という価値観が生まれるのです。**

データを利活用する域内循環モデルと地域通貨

　67ページの図は、地域通貨と地域共通プラットフォームを活用することで、地域全体にどのような域内循環モデルが生まれるかを示してお

り、地域活性化の概念図とも言えます。

　この図に示された地域を、多様な生物が1つの生態系を構成し「共存・繁栄」していると見立て「地域エコシステム」と呼びます。地域エコシステムには、官民の多様なステークホルダー（行政・企業・店舗・学校・NPOなど）が住み、生活しています。

　図の左に「流入」「循環」「苗床」と記載しています。地域活性化とは、「ヒト・コト・おカネ・情報」の流入を増やし、域外にできるだけ流出させずに循環させ、その行動データを捕捉・分析します。「苗床」に集まったデータは、図の右のように地元事業者の商売繁盛や、起業や創発といった新しいビジネスの芽につながります。この「流入」「循環」「苗床」が循環するモデルによって、多様なステークホルダーが共存・共栄する「地域エコシステム」となり、サステナブルな事業として継続していくことになります。

【流入を増やす】

　まずは、図の上部にあるようなヒト・コト・おカネ・情報の「地域内への流入を増やす」ということが重要です。域外からの流入の例としては、以下のようなものがあります。

・インバウンドを含めた観光客、関係人口、移住者
・景気対策、地方創生、デジタル田園都市国家構想（デジ田）などの経済対策予算（プレミアム付き商品券・旅行割引クーポンなど）
・子育て支援・低所得者世帯支援などの社会福祉予算（各種給付金）
・ふるさと納税、個人や企業からの寄付・協賛

【（流出させずに）循環させる】

　流入を増やした上で、図の中ほどの「循環」を拡大する必要があり、その域内循環のための「道具」が地域通貨になります。流入したお金や、地域内で生まれた善行ポイントを地域通貨として発行し、なるべく域外

データを利活用する域内循環モデルと地域通貨

ヒト・コト・おカネ・情報の「**流入と循環**」を促し、流通量を拡大。
集約されたデータは「**新規事業の創発・起業**」の苗床に

流入

観光 （インバウンド・ 国内旅行）	景気対策・ 地域振興 （プレミアム 付き商品券）	給付金・ 生活支援 （マイナンバーカ ードとの連携も）	協賛・寄付 （ふるさと応援・ 地域貢献）

ヒト・コト・おカネ・情報の流入

循環

域内循環の拡大

- 地元での買い物・飲食
- スポーツ・文化（する・みる・ささえる）
- 域内観光（地域のゆかり巡りなどで地元への愛着を誘発）
- 健康増進（運動・検診・食事）
- 社会貢献・地域貢献・ボランティア・SDGs活動

活動データ収集

情報発信

新規事業の創発・起業・商売繁盛

苗床

データ連携基盤
（地域のあらゆる企業・団体が容易に利活用できる
オープンプラットフォームとする）

に流出させずに地域内で循環させるイメージです。

　循環には、地域のさまざまなステークホルダーが参加しますので、**産学官の多様で重層的なマーケティングデータを地域通貨の動きとして捕捉できることになります**。さらに地域通貨の利用データが、利用者の属性情報（個人情報ではなく）とひも付いていれば、その貴重なデータがどれだけ大きな価値を生む可能性を秘めているかは、想像に難くないかと思います。

【苗床は地域のオープンプラットフォーム】

　地域共通の価値である地域通貨は、属性情報とひも付いたデータとして「苗床」に集約され、図の下部のデータ連携基盤で分析・検証された結果は、さらなる地域活性化のために利活用できます。地域のステークホルダーに利活用されることで、図の右にあるように、新規事業の創発や起業といった新しいビジネスの芽を育みますし、企業間の相乗効果（シナジー）も生むことでしょう。また既存事業の販売促進や告知PR、マーケティングに活かされて「商売繁盛」につながります。

　新しい芽を生み、育み、花を咲かせ、果実を実らせるという期待を込めて、この仕組みを「苗床」と命名しました。当然、集められたデータはビジネスのためだけでなく、行政のEBPM（証拠に基づく政策立案）にも有用ですし、コミュニティにおける善行（いいこと）の活動を拡大・促進するためのステークホルダー間のコミュニケーションを質的にも量的にも拡大させることにも活用できます。

　ヒト・コト・おカネ・情報の流入を図り、域内での循環を拡大し、苗床を活かしてそのデータによって新しいビジネスを生み、コミュニティを活性化し、一人ひとりの善行を促し、「円より縁」という価値観で人々の幸福度の向上に貢献することこそ、「地域通貨活用の真骨頂」なのです。

　この循環モデルが失敗するケースとして、データ連携基盤に多額の投資をして大規模なサーバーシステムを構築することに注力してしまい、

一番大切な市民や行政・企業・店舗にとっての魅力的なサービス・コンテンツを生み出せていないことがよくあります。データそのものが集まってこずに立派なサーバーシステムは手持ち無沙汰という、本末転倒になってしまっている状態です。政府が主導するスマートシティやスーパーシティのいくつかの事例のように「構想はいいけれど、船頭が多いため前に進まず、市民サービスが不足していてデータも集まらず、マネタイズ（事業化）の見込みも立たない」ということになるのだと思います。

　地域通貨を普及させるだけでも難しいのに、地域通貨の流通から得られる地域全体のデータを効率的に利活用して、ステークホルダーにとって本当に意味のある地域プラットフォームを構築すること、そして地域のDX（デジタルトランスフォーメーション）を推進することは、さらに難しいことは言うまでもありません。しかしながら、この難しい事業にチャレンジしないと、真の意味での地域活性化は実現できないですし、地方の衰退に歯止めをかけることもできないと思います。

日常生活に欠かせない「市民アプリ」を目指す「よむすびRSA」

　ちなみに当社は、2019年から自治体向けにスマートフォンアプリで地域通貨を利用できる「よむすび」という技術基盤の提供を開始し、2022年からは「よむすび」の機能を拡充した「よむすびRSA（Regional Super Application）」を本格展開しています。「よむすびRSA」は地域通貨（マネー型・ポイント型）の機能をメインに、ウォーキングや日々の健康記録などのヘルスケア機能、「毎日SDGs」チェックやエコ活動などの善行をサポートする複数の機能、クーポン配信・動画配信などの広告・販促機能、お知らせ配信やアンケート機能を、ミニアプリとして搭載することで1つのアプリに集約することができるスーパーアプリとしての技術基盤です。

　よむすびRSAは、地域経済・コミュニティ・個人の3つの活性化という地域の社会課題の解決に資する「市民アプリ」を志向しています。2024

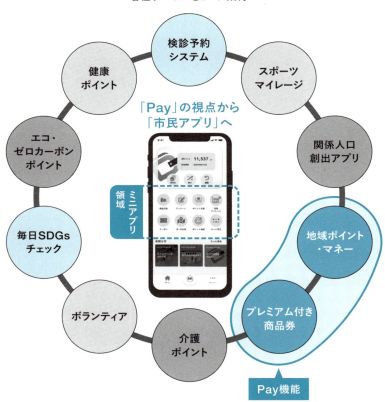

年4月までの約2年間で、広島広域都市圏、さいたま市、高松市、さっぽろ圏など約70の地域に提供しており、第2章、第3章に実際の事例を紹介していますので参考にしてください。

市民アプリは「地域メディア」になる

「市民アプリ」には毎日何度も利用するようなサービスが集約されて

いますので、利便性も高く、日常生活に欠かせないアプリとなります。

市民アプリの利用者が増えれば、利用者に対して情報を発信したいという企業や店舗、行政のニーズが高まり、アプリは貴重な「地域メディア」になります。

市民アプリによるコミュニケーションでは、「徹底的にローカル」な地元密着型を志向し、自治会の回覧板・掲示板などのニーズも取り込んでいきます。地域メディアとなった市民アプリを利用するステークホルダー間のコミュニケーションが生まれることで、新しいビジネスの創発が期待できるようになります。

市民アプリ内の地域メディアの閲覧データも、「地域共通プラットフォーム」の中で地域通貨の動きとして捕捉された上で、データ連携基盤に集約され、地域全体の活性化に利活用されることになり、「苗床」の価値をさらに高めます。

このさまざまなステークホルダーが参加した状態は、多様な生物が共存し、サステナブルな状態を維持している1つの生態系（エコシステム）と見なせることから、地域エコシステムと呼ばれることは先述した通りです。地域エコシステムでは、行政・企業・店舗・団体・学校などさまざまなステークホルダーが、地域共通のプラットフォームである「苗床」を利用し、その恩恵を享受して活発に活動しています。

地域エコシステムにおいて、各ステークホルダーは「苗床」を介してコミュニケーションを取りながら、競争し、かつ共創します。「共創と競争の両立」を実現できるのです。

エコシステムの中をくまなく循環する水のように、ステークホルダー間を循環する価値が地域通貨です。本書では地域通貨を介して地域社会と関わりを持つことを「縁」という新しい価値として提案することをPart5で詳しく解説しますが、地域通貨が地域のステークホルダーをつなぐ役割を担うという意味でも、まさに「縁」と呼べる価値を持っているのです。

デジタル田園都市国家構想にも地域通貨事業が採択されている

　地域通貨事業のプラットフォームについて語る上で欠かせないのが、政府が2021年から進めている**「デジタル田園都市国家構想」**です。デジタルの力を活用した地方の社会課題解決を進めるための総合的な取り組みで、「デジ田」とも呼ばれています。行政サービス・医療・教育のオンライン化や、AIを活用した業務効率化や情報発信など、デジタル技術

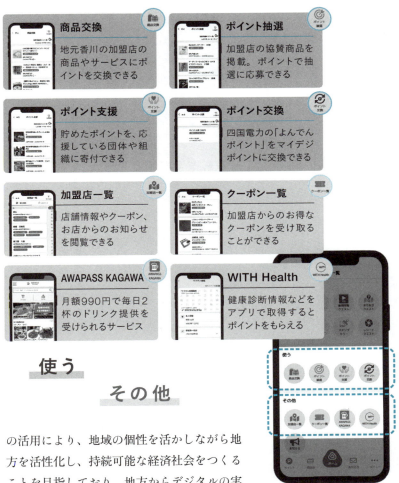

商品交換	地元香川の加盟店の商品やサービスにポイントを交換できる
ポイント抽選	加盟店の協賛商品を掲載。ポイントで抽選に応募できる
ポイント支援	貯めたポイントを、応援している団体や組織に寄付できる
ポイント交換	四国電力の「よんでんポイント」をマイデジポイントに交換できる
加盟店一覧	店舗情報やクーポン、お店からのお知らせを閲覧できる
クーポン一覧	加盟店からのお得なクーポンを受け取ることができる
AWAPASS KAGAWA	月額990円で毎日2杯のドリンク提供を受けられるサービス
WITH Health	健康診断情報などをアプリで取得するとポイントをもらえる

使う

その他

の活用により、地域の個性を活かしながら地方を活性化し、持続可能な経済社会をつくることを目指しており、地方からデジタルの実装を進めていくことを喫緊の課題と捉えています。デジタルを活用して地域の課題解決や魅力向上を進めようとする意欲ある取り組みに対して、国が交付金を出すことで支援しています。

次のページの図のように、デジ田の対象となる事業は複数のタイプに分類されており、採択される事業のタイプごとに交付金の補助率も異なります。行政サービス・教育・医療・産業振興・観光などさまざまな分野

を対象にしていますが、地域通貨事業も採択されています。

　前述した当社の地域通貨プラットフォームである「よむすびRSA」は、デジタル庁が公開している「デジタル実装の優良事例を支えるサービス／システムのカタログ（第2版）」に推奨システムの1つとして掲載されています。当社がシステムを提供している地域通貨のなかで、デジ田に

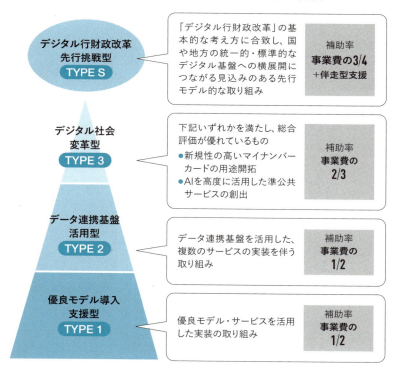

**デジタル田園都市国家構想交付金
「デジタル実装タイプ」のTYPE別の概要**

「デジタル田園都市国家構想交付金デジタル実装タイプ TYPE1/2/3等制度概要 増補版」（内閣府 地方創生推進室ほか／2024年2月）の図版を基に作成。上段に上がるほど難易度が高く、交付金の補助率も高くなっている。上記のほか、「マイナンバーカード利用横展開事例創出型」として2023年度に「TYPE X」の交付事業が実施された

採択されている事業の一部は76ページの通りで、そのほとんどを「よむすびRSA」のアプリをベースに設計しています。

　なかでも特に先進的な事例である香川県高松市の「マイデジ」事業については、立ち上げから現在の成果までを第2章で詳しく紹介します。

　地域のデジタル化に意欲的な自治体に対して政府が交付金によって後押しする仕組みがあることは、地域通貨事業によって地域の課題解決に本気で取り組もうとする自治体にとって大きな助けになっていると言えるでしょう。

地域通貨事業の成功に必要な「民度」

　地域通貨事業の成否には、地域のステークホルダーの「民度」が大きく影響することもお伝えしておきます。「民度」という言葉の明確な定義はないようですが、時として安易な引用で政治家の失言につながるように、その引用には十分注意しなければならないことは承知の上で、あえて地域通貨事業には民度が重要であると伝えさせていただきたいと思います。

　民度とは、一般的な解釈として「ある集団の平均的な知的水準・教育水準・文化水準・マナー・行動様式などの成熟度の程度」とされていますが、私はこの考え方に違和感を持っています。知的水準・教育水準・文化水準などの「水準」や、成熟度などの「程度」という測り方では、民度の表層的な面しか見えてこないような気がします。民度は、もっと精神の根幹に根差した「矜持」に近い姿勢（スタンス）ではないでしょうか。

　「民度」は通常、個人ではなく集団を対象に使う言葉だと思います。しかし、大国の専制的・強権的なリーダー、党利党略に余念のない政治家、偽装・不正をしてまで利益を追う企業経営者などを見ると、彼らがたとえ一般的な意味での知的水準・教育水準・文化水準は高かったとしても、「民度が高い」とは言えないのではないかと感じてしまうのは、私だけではないはずです。

私としては、民度が高い人とは「他人にできるだけ迷惑をかけず、人の気持ちを 慮 り、利他的な言動ができる人」であると考えています。その逆は「自分さえよければいいという利己的な考えが強く、私利私欲に走りがちな人」と言えるでしょう。

　長年、地域通貨事業に携わってきて感じることは、地域通貨事業が難

デジタル田園都市国家構想交付金に採択されたアプリの例

香川県高松市
「マイデジ」
（TYPE 3）

「フリーアドレスシティたかまつ」のサービスの1つ。地域通貨アプリに複数機能を搭載し、データを利活用

兵庫県加西市
「ねっぴ〜Pay」
（TYPE 2）

市が運用する各アプリと「ねっぴ〜Payポイント」の連携機能を実装し、買い物や健康づくりで地域を活性化

栃木県那須塩原市
「エンジョイeco なすしおばら」
（TYPE 2）

「デコ活」の取り組みの1つで、今までアナログ管理をしていた事業をデジタルにシフトしたアプリ

福岡県東峰村
「とほっぴペイ」
（TYPE 1）

地域経済の活性化と、域外からの経済流入を進めるために導入された地域通貨アプリ

兵庫県三田市
「さんだっぷ」
（TYPE X）

市民が健康づくりにつながるアクションを行い、マイナンバー認証を行うことで、電子マネーなどに交換できるアプリ

大阪府堺市
「堺エコライフポイント」
（TYPE 1）

アプリを用いて環境省が進める「デコ活」を行うことで、ポイントを貯め特典を獲得できるエコポイントアプリ

しい一番の理由は、自治体の規模でもなく、技術的なハードルでもなく、投下する金額の大きさでもなく、「民度」すなわち「人の気持ち」の問題が根幹にあるということです。

「自分（たち）だけよければいい」という利己的で了見の狭い考え方の人が多い街や地域では、地域通貨事業は根付かないでしょう。見方を変えれば、民度を上げるために地域通貨事業を導入するという考え方もあり得るということです。

中国の武漢市に住む作家・方方氏による『武漢日記』の、「文明度を測る唯一の基準は、経済力でも軍事力でもなく、**弱者に対する態度である**」という有名なメッセージが多くの人の共感を呼びました。まさに**「弱者に対する態度」を含む意味での「他者を慮る心のありよう」を民度の高さと考えるべきではないでしょうか。ここでいう「他者」とは必ずしも「人」に限定されず、地球環境、自然、地域社会などの自分を取り巻くすべての存在であると捉えるべきだと思います。**

人々が「他者を慮る心のありよう」を体得することで、結果的にその集団の知的水準・教育水準・文化水準も高まると感じます。

社会課題に対して自分自身ができる日々の小さな取り組みとしては、地域の歴史、伝統、文化、里山里海、史跡名勝、祭事、特産品、匠の技といったコンテンツの次世代への継承や、社会的弱者、生活困窮者、被災者、地域社会からの孤立者への正しい理解と支援などがあります。しかしながら、社会課題・地域課題への関心が薄く、「自分さえよければいい」という利己的なステークホルダーが多いと、「公」の感覚と「民度」の高さを求める地域通貨事業が成功することは極めて難しいと考えます。

人が自身の利益やメリットを求めて利己的に行動することは、ある意味で当たり前です。しかし、**無理のない範囲で少しでも利他的な「公」の意識を持つ人が徐々に増えていくようになれば、道具としての地域通貨が人々の「民度」を高めることにもつながる**と思います。

利己と利他の価値観をバランスよく持ちながら生活することが、人々

のQOL（生活の質）の向上も促し、結果的に幸福感を高め、ウェルビーイングにもつながります。ボランティアやSDGsに資する活動といった直接的な利他ではなくても、例えば自身の健康維持は医療費などの行政負担の軽減につながり、立派な社会貢献・地域貢献になります。歩くことでポイントが貯まるなど健康増進の機能は、すでに多くの地域通貨に導入されており、人々の意識変容・意識変革を促しています。

　地域通貨の事業を軌道に乗せるのは簡単ではありませんが、市場も大きく、成長性も高い分野であり、何より社会貢献・地域貢献の意義もあります。16年以上この事業に取り組み、成功に近づくための必須条件というものも肌感覚で分かってきました。当社とパートナー企業との協業で、地域通貨のプラットフォーム化がうまくいき始めている事業も増えていますので、「やり方次第」と考え、チャレンジを継続していきたいと考えています。

　地域通貨が過度な行政負担に頼らず、継続的に自律自走する形で成功できたとしたら、それは本当に素晴らしいことだと思います。地域の活性化とDXを実現し、ひいては全国の活性化につなげることも可能になるでしょう。

　地域通貨の成功を最終的に決定する要素は、投下するお金でも、技術力でもなく、自治体の規模でもありません。**地域通貨の成功を左右するのは、地域への「想い」と社会的責任を果たすという「誇り」である「シビックプライド（地域に対する市民の愛着と誇り）」**だと思います。そして、その成功は「地域全体の他者を慮る心のありよう」である「民度」を上げ、「公」を育み、地域社会全体の質的な成熟につながることでしょう。

Part 5

地域通貨が日本人の幸福度を高める

本書では、地域通貨を「縁」という新しい価値として定義することで、地域通貨の普及が人々の幸福の価値観を変える可能性もあるということをお伝えしていきます。

その前提として、地域通貨には以下の3つの活性化の役割があることを改めて説明したいと思います。

❶ 地域経済の活性化
❷ コミュニティの活性化
❸ 個人の活性化（幸福度の向上、ウェルビーイング）

Part1でも触れた通り、❶と❷についてはこれまでも認識されており、本書は❸の役割を多くの人に知ってもらうことを目的に執筆しています。とはいえ、地域通貨についてあまりご存じない方にも全体像を理解してもらうべく、❶と❷の役割についてもしっかりと解説していきます。

80～81ページの図は、Part1で紹介した地域通貨の類型の図をベースにして、いろいろなタイプの地域通貨が、3つの活性化（地域・コミュニティ・個人）に資することを示しています。

また、個人の幸福度であるウェルビーイングを構成する次の4つの要素も併せて示しています。

① 経済的安心　② 身体的健康　③ 社会的安定　④ 精神的豊かさ

マネー型（Pay機能）の地域通貨は、短期で行われるプレミアム付き商品券事業、継続的に行われる給付金や地域通貨事業などで、地域経済の活性化に貢献し、個人のウェルビーイングの4つの要素のうちの経済的安心に資する取り組みになります。

地域通貨と３つの活性化の役割

類型	継続/短期	事業例	3つの活性化❶ 地域経済の 活性化	3つの活性化❷ コミュニティの 活性化
地域通貨 「マネー」 （Pay機能）	継続＆短期	給付金	◎	―
	短期	プレミアム付き 商品券	○	―
	継続	地域通貨	◎	―
地域通貨 「善行ポイント」	継続＆短期	健康増進	△（少額）	◎
		社会貢献		
		ボランティア		
		地元応援消費		
		各種行事・イベント		

※各種の地域通貨が「3つの活性化」のうちどの役割を果たすかを示した図。役割を果たす度合いの大きさ順に
　◎・○・△の記号で示している

　一方の**ポイント型の地域通貨は、いわゆる善行ポイント**で、地域通貨の発行金額としては大規模になりませんので、地域経済や個人の経済的安心にあまり影響を与えることはできません。

　ただし、健康増進活動や社会貢献活動・福祉活動（弱者支援）・商業観光振興・各種イベントなどへの参加が促されることで、コミュニティ活動は活発化します。さらに個人は地元愛を育み、地域社会への貢献によるシビックプライド（誇り、愛着心）が醸成され、ウェルビーイングが向上し、幸福度が高まることが期待されます。

　なお、**善行ポイントは上の表の通り、ウェルビーイングの４つの要素のうち、身体的健康・社会的安定・精神的豊かさに大きな影響を及ぼします**。以上を踏まえて、地域通貨の３つの活性化の役割を具体的に見ていきましょう。

3つの活性化❸ 個人の活性化（ウェルビーイング）			
ウェルビーイングの4要素			
身体的健康	経済的安心	社会的安定（コミュニティ・家族・職場）	精神的豊かさ（シビックプライド）
—	◎	—	—
—	○	—	—
—	◎	—	—
◎	△（少額）	◎	◎

地域通貨の3つの役割 ❶地域経済の活性化

「地域のお金は地域で回す」という、「お金の地産地消」を可能にすることが、地域通貨に期待されています。「便利すぎる円」は、その汎用性・利便性の高さゆえに、いつでも・どこでも利用されます。当然、域外にも流出します。便利すぎる円によってお金を域外に流出させず、域内で循環させるには、地域通貨の限定機能を利用することが1つの選択肢になります。ここで、日本の地方からお金がどれだけ流出しているかを解説します。

次のページの図は、地方からお金が流出している状況をモデル化したものです。自治体が政府の補助金・交付金や観光客の誘致、企業誘致によっていくらお金を流し込んでも、穴が開いたバケツに水を注ぐようなもので、自治体からのお金の流出は防げないということを模式的に示し

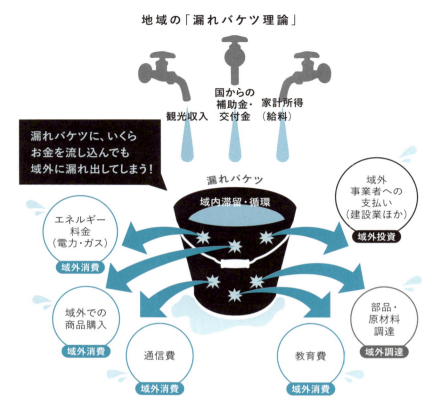

「漏れバケツ理論」はイギリスのNew Economics Foundation（NEF）が提唱する概念。図は枝廣淳子著『地元経済を創りなおす』（岩波新書）を参考に加筆修正

ています。

　ここで、定量データを活用した地域政策立案、すなわちEBPM（証拠に基づく政策立案）のために、RESAS（地域経済分析システム）の活用例をご紹介します。RESASとは経済産業省と内閣府が提供する、人口・産業構造・観光・街づくり・医療・福祉などのさまざまな統計を集約した「地域経済の見える化」を図るための分析ツールで、インターネット上で誰でも利用することができます。

下の図は、RESASで作成した埼玉県の「地域経済循環図」です。地域経済循環図は、経済の「三面等価の原則」（GDPは生産、分配、支出のいずれで測っても同額になるという原則）により、自治体単位でお金の流れを生産（付加価値額）、分配（所得）、支出の3段階で「見える化」したものです。地域経済の全体像と、各段階におけるお金の流出・流入の状況を示しています。地域の「稼ぐ力」を表す「生産（付加価値額）」を増やし、地域経済の好循環を実現する上で改善すべきポイントを検討することができる分析図です。

　図の左上に表示されているのが地域経済の自立度を測る「地域経済循環率」で、埼玉県は75.2％です。地域経済循環率とは、その地域の「生産（付加価値額）÷分配（所得）」の値であり、地域経済の自立度を示しています。

　RESASで調べた全都道府県とその県庁所在地の地域経済循環率を一覧表にしてみました。循環率が100％を超える地域は「生産＞分配」の状態で、稼ぐ力は高いものの、地域で生産されたお金が地域外に流出し

RESASで作成した埼玉県の地域経済循環図

第Ⅰ章　「円」より「縁」　　83

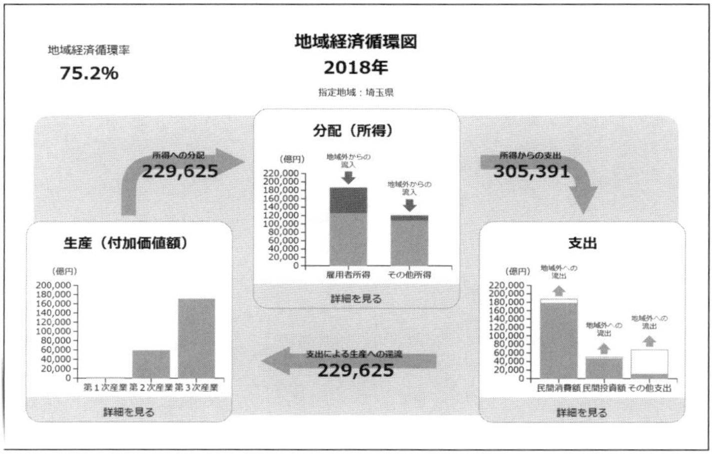

ていると考えられます。100％未満の地域は「生産＜分配」の状態で、地域で生産されたお金に加えて、地域外で働く雇用者の所得、交付金や社会保障給付などの財政の再分配に大きく依存している可能性があります。

　一概にどちらが良いということはなく、生産と分配が均衡を保っている100％前後（95〜105％）が望ましいとされています。この数字が90％を下回る地域は、「稼ぐ力」が不足している場合が多いと見ることができます。

各都道府県と県庁所在地の地域経済循環率（2018年）

都道府県	地域経済循環率	県庁所在地	地域経済循環率	都道府県	地域経済循環率	県庁所在地	地域経済循環率
北海道	86.3%	札幌市	93.9%	滋賀県	101.4%	大津市	82.2%
青森県	86.4%	青森市	93.1%	京都府	94.0%	京都市	100.3%
岩手県	79.4%	盛岡市	92.8%	大阪府	106.0%	大阪市	143.7%
宮城県	89.7%	仙台市	109.2%	兵庫県	93.4%	神戸市	98.0%
秋田県	85.6%	秋田市	102.1%	奈良県	73.8%	奈良市	79.8%
山形県	88.7%	山形市	97.3%	和歌山県	92.8%	和歌山市	117.6%
福島県	89.4%	福島市	95.0%	鳥取県	81.5%	鳥取市	86.6%
茨城県	103.2%	水戸市	97.8%	島根県	83.6%	松江市	91.8%
栃木県	100.7%	宇都宮市	116.2%	岡山県	96.8%	岡山市	97.3%
群馬県	99.1%	前橋市	90.9%	広島県	93.3%	広島市	94.9%
埼玉県	75.2%	さいたま市	82.6%	山口県	106.1%	山口市	96.2%
千葉県	81.8%	千葉市	85.0%	徳島県	96.9%	徳島市	112.5%
東京都	153.9%	新宿区	312.6%	香川県	94.9%	高松市	104.2%
神奈川県	84.4%	横浜市	80.7%	愛媛県	91.1%	松山市	89.1%
新潟県	91.2%	新潟市	93.9%	高知県	80.4%	高知市	93.1%
富山県	97.2%	富山市	108.8%	福岡県	92.5%	福岡市	107.8%
石川県	91.7%	金沢市	102.6%	佐賀県	87.3%	佐賀市	93.9%
福井県	95.7%	福井市	109.2%	長崎県	84.0%	長崎市	91.5%
山梨県	92.0%	甲府市	105.0%	熊本県	81.3%	熊本市	84.8%
長野県	90.7%	長野市	100.1%	大分県	95.7%	大分市	117.4%
岐阜県	87.9%	岐阜市	94.8%	宮崎県	83.5%	宮崎市	88.3%
静岡県	102.3%	静岡市	103.8%	鹿児島県	83.3%	鹿児島市	87.0%
愛知県	109.0%	名古屋市	119.1%	沖縄県	80.6%	那覇市	111.0%
三重県	101.1%	津市	101.5%				

RESASのデータを基に著者作成

また、RESASでは各地域の「民間消費の支出流出入率」も算出できます。これは、民間消費において地域内に分配された金額に対する地域外に流出入した金額の割合です。プラスの値は地域外からの流入額が多いことを示し、マイナスの値は地域外への流出額が多いことを示します。

　参考までに、埼玉県内の各自治体の「地域経済循環率」と「民間消費の支出流出入率」をグラフにマッピングしてみました。地域経済循環率は100％を中心にして横軸に、民間消費の支出流出入率は0％を中心にして縦軸に配置しています。円の大きさは人口規模を示しています。

　埼玉県の63自治体のうち38自治体が、民間消費の支出流出入率はマイナス、かつ地域経済循環率も100％未満の左下（第3象限）にマッピングされています。稼ぐ力が十分でなく、かつ東京都やネット通販に消費

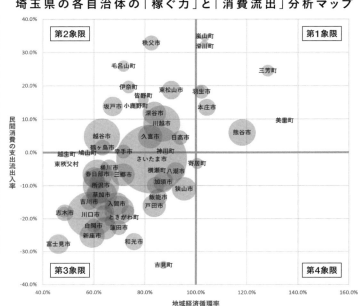

埼玉県の各自治体の「稼ぐ力」と「消費流出」分析マップ

RESASのデータを基に著者作成。他の市町村と重なる一部自治体（第1象限の川島町、第2象限の上里町、第3象限の行田市、鴻巣市、上尾市、蕨市、朝霞市、北本市、ふじみ野市、小川町、長瀞町、宮代町、杉戸町、松伏町）は省略

が流出しているものと推察されます。県内でも特に東京都に隣接している自治体の多くが第3象限にあります。また、民間消費の支出流出入率がマイナスの自治体（第3、第4象限）は39自治体あり、全体の約6割を占めています。

　同様の分析を神奈川県でも行いました。神奈川県には33の自治体があります。埼玉県と異なり、左下（第3象限）の自治体数は11ですが、民間消費の支出流出入率がプラスになっている自治体（第1、第2象限）が20あり、約6割を占めています。

　同じ東京都に隣接する県でも、神奈川県は埼玉県とは異なる様相を呈しています。県内の自治体のうち、川崎市の民間消費の支出流出入率はマイナス12.9％と東京都への流出などが推察されますが、横浜市はプラ

神奈川県の各自治体の「稼ぐ力」と「消費流出」分析マップ

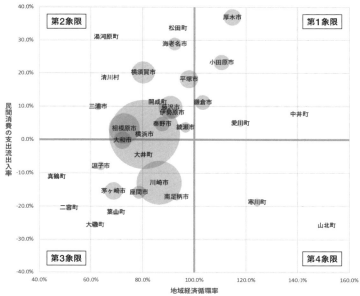

RESASのデータを基に著者作成。箱根町は第1象限（地域経済循環率117.2％、民間消費の支出流出入率161.7％）でグラフ外

ス1.6%なので、県外への消費流出のある程度の歯止めになっていると思われます。一方、県庁所在地の地域経済循環率で見ると、さいたま市は82.6%、横浜市は80.7%とやや低水準にあります。どちらも経済規模は巨大ではありますが、「稼ぐ力」という点では課題があるのかもしれません。

神奈川県の特徴としては、藤沢市、平塚市、鎌倉市、三浦市、横須賀市など湘南から三浦地域にかけて、民間消費の支出流出入率がプラスの自治体が多く、何かにつけて東京や横浜へ買い物や食事に行くというよりも「地元大好き」という地域への愛着と誇りを持っている方が多いのかもしれません。

同様の分析を広島県でも行いました。広島県には23の自治体がありますが、左下（第3象限）の自治体数は6、民間消費の支出流出入率がマイナス（第3、第4象限）になっている自治体数は10となっています。

広島県の場合は、広島市を中心とした経済圏ができていることが推察されます。この経済圏では消費が広島市に大量に流入していて「広島市のひとり勝ち」の傾向があるかもしれないと予想していましたが、半数以上を占める13自治体で民間消費の支出流出入率はプラスですし、その傾向は特に人口が相対的に多い自治体で認められます。このグラフ上では、健全な形での地方中核都市を中心にした経済圏が成立していると推察されますので、広島県には「地元大好き」な方が多いのかと思います。

また、広島市の経済循環率が、さいたま市、横浜市と異なり94.9%と、理想とされる95〜105%にほぼ迫っていますので、「稼ぐ力」と「所得の循環」のバランスの良さが、広島県内の健全な経済圏の成立を支えているものと読み取れます。

地域経済活性化の目標を「住民の所得（分配）の向上」とした場合、「地域の稼ぐ力」と「所得の循環」を高めることが重要です。

まず、「地域の稼ぐ力」を高めるためには、得意分野に注力し中核産業を育てる一方で、不得意分野は他地域からの交易で補い、地域の商品

第 I 章　「円」より「縁」　　87

広島県の各自治体の「稼ぐ力」と「消費流出」分析マップ

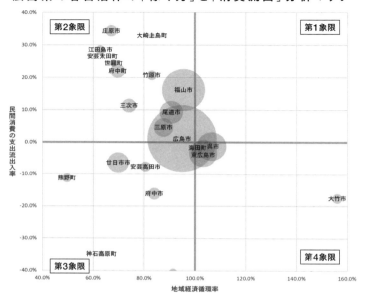

RESASのデータを基に著者作成。坂町は第1象限（地域経済循環率119.6％、民間消費の支出流出入率46.8％）、北広島町は第3象限（地域経済循環率91.4％、民間消費の支出流出入率-40.6％）でグラフ外

やサービスを他地域にも販売して"外貨"を稼ぐことが必要です。

次に、「所得の循環」についてですが、地域で生産されたお金が、地域の住民の所得につながらないケースを3つ紹介します。

まずは、装置型産業（素材・先端技術の工場、発電所など）を誘致しても、産業政策や雇用面では有効であっても、地元企業からの調達や取引が少なく、稼いだ企業所得が本社や域外に流出するケースです。

次に、地域の人口減少が激しく自治体の財政状況がひっ迫していることから、補助金や交付金、社会保障などの財政支援に依存した所得が多いケースです。この場合は「地域で稼ぐ力」が育ちにくいため、せっかく流入した所得も地域外での消費や投資となって流出してしまうことになります。

最後が、いわゆる「観光地の罠」のケースです。観光収入があっても、

土産物や飲食料品が域外から調達されていると、調達費は域外に流出してしまい、住民の所得として届かないという状態になっている可能性があります。

RESASを活用して地域のお金の流れを分析することで、こうした問題点を洗い出すことができます。RESASは誰にでも利用しやすいよう、マニュアルやツールが充実していますので、有効活用することをおすすめします。自治体ごとの課題解決のために、定量データを基にしたEBPM（証拠に基づく政策立案）が可能になると思います。

地域からのお金の流出が人口減少につながる

お金と人口の流出について見てきましたが、ここで**2024年4月に有識者グループ「人口戦略会議」が公表した「地方自治体『持続可能性』分析レポート」**を見てみましょう。[8]これは、2014年に有識者グループ「日本創成会議」が公表し、話題となった「消滅可能性都市」についてのレポート（通称：増田レポート）での分析手法を拡充して10年後の実情を調査し、地方自治体の持続可能性について改めて考察するという内容です。

今回のレポートでは、**2020年から2050年までの30年間で20〜39歳の若年女性人口が半数以下に減少すると予想される自治体を「消滅可能性自治体」としていますが、その数は全国1729自治体の約4割に当たる744自治体に上ります**。10年前の調査では896自治体が「消滅可能性」があるとされていたので、若干の改善は見られるものの、それには外国人の増加なども影響しており、人口減の大きな要因である少子化の基調は変わっていないと分析されています。

注意しなければならないのは、「消滅」とは消えてなくなるという意味ではなく、住民が日常生活を送る上で必要な機能を維持できなくなるという意味である点です。**東京に隣接する埼玉県でさえ、全体の約4分の1を占める16市町村が消滅可能性自治体である**とされています。消滅可能性自治体のうち、人口規模の大きい自治体は少子化などによる「自

然減」対策が、小さい自治体は都市部への人口流出などの「社会減」対策と自然減対策の両方が必要であると報告されています。

ちなみに、2024年6月に発表された2023年度の合計特殊出生率（1人の女性が一生のうちに産む子どもの数の指標）は、全国平均で1.20となり、前年度と比較すると0.06ポイント低下していて、1947年に統計を取り始めて以降最も低くなり、前年を下回るのは8年連続です。また、すべての都道府県で、前年度よりも低くなり、最も低かった東京都では0.99と1を下回りました。

また、2024年の1年間に生まれる日本人の子どもの数を示す「出生数」について、日本総研によると統計開始以降初めて70万人を下回るとする推計をまとめました。国立社会保障・人口問題研究所の予測では、出生数が70万人を下回るのは14年後の2038年となっていましたので、2024年に70万人を下回れば、政府の予測より14年も早く、想定以上に早いペースで少子化が進んでいることになります。

話は戻って、この消滅可能性自治体のほとんどが、RESASが示す地域経済循環率は100％を下回っており、お金の流出が人口流出につながっている可能性が高いことを示唆しています。

このように、**お金と人口の流出が加速している状況においては、「便利すぎる円」ではなく、地元にお金が回ることを前提に設計されている地域通貨を利用すること**で、少しでもお金の流出を防ぐことを真剣に考え、実行していく必要があると思います。

地域通貨の3つの役割 ❷コミュニティの活性化

地域通貨に期待される第2の役割は、コミュニティの活性化です。

コミュニティの衰退・崩壊は、伝統文化や匠の技などの継承、歴史の伝承を困難にさせ、人口流出は里山里海を消失させ、耕作放棄地・空き家問題にもつながります。例えば、地域で長い間愛されてきたお祭りが、伝統的な舞や神楽の担い手も神輿の担ぎ手さえも不足して縮小・中止せ

ざるを得ないというニュースを目にすることが増えてきています

　住民が参加する日常的なコミュニティ活動の例としては、草むしりや清掃活動、防災訓練などの環境保全・安心安全活動や、バザー、祭り、盆踊りなどの催事・行事などがありますが、近年、こうした活動は不活発になっています。

　元来、日本には互酬（ごしゅう）という相互扶助関係がありました。農作業を共同で行うだけでなく、日々の生活のあれこれを「お互い様」として助け合っていました。自助・共助・公助の「共助」が成立していたわけです。

　コミュニティ活動は市民生活を支援する上で重要な役割を果たしていますので、自治体にとっても、コミュニティ活動の継続と活性化は行政施策の課題でもあります。

　不活発になっている理由は、人口減少の影響もありますが、コミュニティ活動に積極的に参加してきたメンバーの高齢化などの問題もあります。また、核家族化が進むと、働いて子育てすることだけで毎日が精一杯で、近所の人に頼る面倒くささを考えると、お金で解決できるものはお金で解決したほうが変な気遣いをしなくて済む、という考えが主流になっているのだと思います。地域での生活にまつわるさまざまな課題の解決を、行政に依存・期待する傾向が強くなっているという面もあるでしょう。

　しかし、コミュニティ内で自発的に実施していた事業やイベントが継続できなくなると、「行政にやってもらいたい」または「行政から補助をもらいたい」ということになります。行政に依存するようになると、もともとコミュニティの自発性で対応・処理できていたことを税金で対応することになるので、自治体の負担が大きくなります。ただでさえ税収不足で苦しんでいる自治体にとっては、なんとかコミュニティ内で解決できることを期待したいところでしょう。

　コミュニティ活動の活性化は、行政にとっても、限られた税金を大切に使うためにも重要な課題です。

地域との関わりが孤立を回避し、ウェルビーイングにつながる

さらに、コミュニティの活性化は孤立問題の解消につながる、という視点も忘れてはなりません。

子どもが独立すると高齢者世帯が多くなり、独居高齢者も増えてきます。これまでコミュニティ活動に参加してこなかった高齢者は、「今さら参加しづらい」「この歳になって新しい人間関係を築けるのか」という気持ちから自宅にこもりがちになり、孤立につながります。

高齢者の地域社会からの孤立は、自治体にとっても大きな課題となっています。高齢者世帯・独居世帯に対しては、孤独死などを防ぐため、普段の見守り対策が必要になります。民間企業のサービスを利用することも解決策の1つですが、特に自然災害が発生した場合には、コミュニティ内での共助が一番頼りになるという話はよく耳にします。

地域に必要な市民活動の維持、孤立を防ぐという効果だけでなく、コミュニティへの参加は、心身両面の健康のうち特に精神的な安定に直結することからもウェルビーイングに資すると考えます。この場合のキーワードは「自発的な参加」です。「義務」や「無理やり」では、ウェルビーイングにはつながりません。

自分のためであると同時に、地域の誰かのためになっているという活動に自発的に参加することで、心身両面での健康につながります。

毎日1万歩歩くことも素晴らしいのですが、歩数にこだわらず自分のペースで地元の街を散歩し、お店をのぞいてみるといった「お出かけ」が大事だと思います。そうすると、無理をしない形で、地元の人との関わりやコミュニケーションが生まれ、地域社会との関わりが生まれやすくなります。**一歩外に出て、地域社会の中に自宅以外の「居場所」を見つけることが大切なのです。そのためには、「歩数よりも、まずはお出かけ」ですね。**

私は、コミュニティ活動というのは、仕事や自宅以外の「自分の居場

所」を見つけることだと思います。その居場所での時間は、きっとウェルビーイングにつながるはずです。

地元愛と社会的責任で生まれるシビックプライド

コミュニティ活動を通じて地域との関わりを持つことで、「地元の良さを再発見」し、地元愛を育むきっかけが生まれます。地元愛の醸成は、人口流出の歯止めにもなりますし、一度地元を出ていった人が再び戻ってくることも期待できます。コミュニティ活動への参加を通じて、**地元の良さや次世代に伝えるべきものを知ることは、地元愛を育むことに加え、ひとりの「社会的存在としての責任」を果たすことで感じる「誇り」を育む**ことになると考えています。地元愛と社会的責任を果たすことへの誇り、すなわち「シビックプライド（地域に対する市民の愛着と誇り）」が醸成されるのです。シビックプライドを持つことは、精神的な豊かさにつながり、ひいては社会貢献という価値ある行動による幸福感につながると思います。

コミュニティへの参加ポイントが地域に還元される

このようにさまざまな効果が期待できるコミュニティ活動における、地域通貨の役割とはどのようなものでしょうか。

最も分かりやすいのが、ボランティア活動によってポイントという形で地域通貨を得られるという仕組みです。

もともと自治会などで担っていた作業や、ボランティアに頼っていた活動が成り立たなくなって、行政が税金で業者と契約して実施しているというケースは大変多いです。身近な事例では、花火大会や文化・スポーツイベントなどの後の清掃活動があります。殺処分される犬猫を保護する活動も、NPOやボランティアに大きく依存していますが、その活動が立ち行かなくなると行政負担がさらに大きくなります。

そうした背景から、市民がボランティア活動を行うことによってもら

える、ボランティアポイントなどのポイント制度を導入している自治体は多くなっています。ポイント費用の原資は行政が負担していますが、その活動をボランティア活動なしで行政が実施する場合の費用に比べて少なく済んでいることから制度が導入されていると言えるでしょう。

ボランティアをはじめとする**コミュニティ活動への参加ポイントを地域通貨として発行することで、ポイントが地域内で利用・還流されますし、行政費用の負担軽減になり行財政改革にもつながるので、行政としてはそれがポイントの原資を負担する根拠となる**のです。

地域通貨の3つの役割 ❸個人の活性化

地域通貨に期待できる役割の3つ目として、「個人の活性化」があります。これは、地域通貨が個人のウェルビーイング、すなわち幸福感の向上につながる考え方として、本書で最も伝えたいことです。まずは私の問題意識の背景となっている、日本人の幸福度についてのデータから解説していきます。

毎年発表される国際的な研究組織「持続可能な開発ソリューション・ネットワーク（SDSN）」による世界幸福度報告書（World Happiness Report）の2024年版によると、日本は世界143カ国中51位で、前年の47位から下落し、主要7カ国中で最下位です。

フィンランドが7年連続の1位、2位はデンマーク、他の欧米の国では、イギリスが20位、アメリカが23位、ドイツが24位、フランスが27位です。中東では、アラブ首長国連邦が22位、サウジアラビアが28位。中南米では、コスタリカが12位、ウルグアイが26位、ブラジルが44位です。アジアでは、シンガポールが30位、台湾が31位です。以上の国はすべて日本より上位となっています。韓国（52位）と中国（60位）は日本より下位ではありますが、近い位置にいます。最下位は前年同様、アフガニスタンでした。

世界幸福度報告書を作成する「持続可能な開発ソリューション・ネッ

世界幸福度ランキング 2024年版

順位	国・地域名	幸福度スコア	順位	国・地域名	幸福度スコア	順位	国・地域名	幸福度スコア
1	フィンランド	7.741	34	エストニア	6.448	67	ジャマイカ	5.842
2	デンマーク	7.583	35	ポーランド	6.442	68	ペルー	5.841
3	アイスランド	7.525	36	スペイン	6.421	69	ドミニカ共和国	5.823
4	スウェーデン	7.344	37	セルビア	6.411	70	モーリシャス	5.816
5	イスラエル	7.341	38	チリ	6.36	71	モルドバ	5.816
6	オランダ	7.319	39	パナマ	6.358	72	ロシア	5.785
7	ノルウェー	7.302	40	マルタ	6.346	73	ボリビア	5.784
8	ルクセンブルク	7.122	41	イタリア	6.324	74	エクアドル	5.725
9	スイス	7.06	42	グアテマラ	6.287	75	キルギス	5.714
10	オーストラリア	7.057	43	ニカラグア	6.284	76	モンテネグロ	5.707
11	ニュージーランド	7.029	44	ブラジル	6.272	77	モンゴル	5.696
12	コスタリカ	6.955	45	スロバキア	6.257	78	コロンビア	5.695
13	クウェート	6.951	46	ラトビア	6.234	79	ベネズエラ	5.607
14	オーストリア	6.905	47	ウズベキスタン	6.195	80	インドネシア	5.568
15	カナダ	6.9	48	アルゼンチン	6.188	81	ブルガリア	5.463
16	ベルギー	6.894	49	カザフスタン	6.188	82	アルメニア	5.455
17	アイルランド	6.838	50	キプロス	6.068	83	南アフリカ	5.422
18	チェコ	6.822	51	日本	6.06	84	北マケドニア	5.369
19	リトアニア	6.818	52	韓国	6.058	85	アルジェリア	5.364
20	イギリス	6.749	53	フィリピン	6.048	86	香港	5.316
21	スロベニア	6.743	54	ベトナム	6.043	87	アルバニア	5.304
22	アラブ首長国連邦	6.733	55	ポルトガル	6.03	88	タジキスタン	5.281
23	アメリカ	6.725	56	ハンガリー	6.017	89	コンゴ共和国	5.221
24	ドイツ	6.719	57	パラグアイ	5.977	90	モザンビーク	5.216
25	メキシコ	6.678	58	タイ	5.976	91	ジョージア	5.185
26	ウルグアイ	6.611	59	マレーシア	5.975	92	イラク	5.166
27	フランス	6.609	60	中国	5.973	93	ネパール	5.158
28	サウジアラビア	6.594	61	ホンジュラス	5.968	94	ラオス	5.139
29	コソボ	6.561	62	バーレーン	5.959	95	ガボン	5.106
30	シンガポール	6.523	63	クロアチア	5.942	96	コートジボワール	5.08
31	台湾	6.503	64	ギリシャ	5.934	97	ギニア	5.023
32	ルーマニア	6.491	65	ボスニア・ヘルツェゴビナ	5.877	98	トルコ	4.975
33	エルサルバドル	6.469	66	リビア	5.866	99	セネガル	4.969
						100	イラン	4.923

出典：the UN Sustainable
Development Solutions Network「World Happiness Report 2024」

トワーク（SDSN）」は、国連が設立した非営利団体です。2012年以降、150以上の国・地域に住む人々を対象に、「1人当たり国内総生産（GDP）」「社会的支援」「健康寿命」「人生の選択の自由度」「他者への寛容さ」「国への信頼度（腐敗を感じる程度）」の6項目で調査を行い、「総合幸福度」として毎年ランキングを公表しています。

ランキング上位国と日本とでは「幸福の価値観」が異なる？

特筆すべきは、トップ10位以内のうち8カ国を欧州の国が占め、なかでも北欧はアイスランドを含めた5カ国がすべて7位までに入っていることです。北欧の国の幸福度が高い理由について、仕事と生活のバランスが良好であることや、教育や医療が無償で提供されていることなどがよく指摘されています。また、ランキングの調査項目の1つである「他者への寛容さ」については、寄付の習慣が社会に根付いている欧米の国々に有利なのではないかといった考察もあります。

しかし私は、ランキングの上位の国には、幸福だと感じる価値観について日本との違いがあるのではないかと考えています。この調査の特徴は、経済指標や社会制度、インフラの充実度などを政府や調査会社が数値化して比較したものではなく、各国の国民への意識調査を実施したものであることです。主観的意識がベースとなっているので客観的な数値ではありませんが、だからこそ重要だと考えます。人々は数値化された指標を見て「幸せなはず」と思うのではなく、幸せかどうかは「自分の心が主観的に決めること」だからです。本書では、特にこの主観的な幸福感をテーマにします。

日本は経済的に豊かなはずなのに幸福度が低い

日本は、客観的に見ると安全で平均寿命も長く、平和であるにもかかわらず、この幸福度調査で先進諸国の中では最下位に位置しています。「人生の選択の自由度」「他者への寛容さ」の「人生評価／主観満足度」が

低く、「1人当たり国内総生産（GDP）」と「健康寿命」では高い結果となりました。

幸福度の低さの裏付けの1つに、普通の生活を送るにも苦労するほど困窮している世帯の多さがあると考えます。厚生労働省の「2022（令和4）年　国民生活基礎調査の概況」から日本の貧困率について見てみると、2021（令和3）年の貧困線（等価可処分所得の中央値の半分）は127万円となっており、貧困線に満たない世帯員の割合を示す「相対的貧困率」は15.4％となっています。ひとり親世帯では44.5％となっているのは、本当に深刻な状況です。

私にとって最も基本的かつ重要な疑問は、1.2億人以上の人口を抱え、毎年110兆円以上の国家予算を支出し、ドイツに抜かれインドにも抜かれる見込みとはいえ、世界トップクラスのGDPを誇る経済力があり、教育レベルが高く、世界一安全な国である日本の国民の幸福度が世界で51位というのは驚きですし、大変残念なことだと思います。政府には巨額の借金はありますが、家計や企業を含めると、日本全体には十分なお金があります。「家計の貯蓄が消費に回っていない」「資産のほとんどは高齢者が持っているだけで、資金需要が旺盛な子育て世代では足りていない」「1割に満たない富裕層が50％以上の資産を持っているだけで、富は偏在している」「企業が内部留保を高めていて、労働者の実質賃金は30年以上上がっていない」などのさまざまな議論はあり、確かにお金は偏在していると思います。しかしながら、日本全体ではお金はたくさん支出されているのに、国民が幸福や豊かさを感じながら生活できていないのはなぜか？」という私の疑問は解消されないままです。

単純に考えると、日本全体の経済的な豊かさが、個人の豊かさや幸せにつながっていないということだと思います。本書では、日本のマクロ経済指標はどうあれ、日本にあるお金が有効に使われていないということが問題の1つだと捉えています。**大切なのは、国民が一定水準の生活を送れることに加えて、心身両面で豊かになり幸福度が上がるようなこ**

とが実現できるかどうかではないでしょうか。経済的安心と社会的安定のためにも、また社会や地域の一員としての関わりを持つことでやりがい、生きがい、充足感を感じる精神的豊かさを高めるためにも、地域通貨が貢献できると考えています。

「所得が低い＝不幸」という価値観からの脱却

ここで、経済的な格差と幸福度について考えてみたいと思います。

ノーベル経済学賞を受賞したアメリカの経済学者、ダニエル・カーネマン氏によると、一定水準までは収入が上がるほど幸福度も増えていくものの、年収7万5000ドル（日本円にして1125万〜1200万円程度※）を超えると、それ以上幸福度は上昇しなくなるそうです。

また、「幸福学」や「ウェルビーイング」を研究する慶應義塾大学教授の前野隆司氏は、地位や財力など他人と比較することで得られる幸せは長続きせず、自己実現や人とのつながりなど、お金で買うことができないもので得られる幸せは長続きするという説を唱えています。[*9]

お金持ちでも幸せでない人もいれば、経済的に豊かでなくても幸福感や生きがいを持って生き生きと人生を送っている人がたくさんいることを、皆さんもよくご存じだと思います。

ただし、経済的格差が人生そのものの充実や幸福感に大きな影響を与えてしまうとしたら、これは大きな問題だと思います。格差の固定化や貧困の再生産（ループ）が、学ぶ意欲や働く意欲、向上心を失わせ、諦めに近い感情を持たせてしまい、人生における楽しみや希望、そして生きがいを見いだそうとする意欲を低下させてしまうことが、最も懸念されることです。

「ITと地域通貨という道具を使うことで、現状は格差がある環境にあっても人々が幸福感を持てる機会を、より効率的に増やすことはできないか」ということが、本書のテーマの1つです。本書では、格差をなくす・縮めるということも考えますが、後述する「縁」という価値観で、

※1ドル＝150〜160円で換算

格差の問題を少しでも変質させられないかということを主に考えたいと思います。

いま一度、本書が幸福度の指標としている「ウェルビーイング」の定義を確認しておくと、「身体的にも精神的にも健康な状態であるだけでなく、社会的・経済的に良好な満たされている状態にあること」です。ウェルビーイングについては専門家が提唱する理論がいくつかありますが、私は**ウェルビーイングには4つの要素、すなわち「経済的安心」「身体的健康」「社会的安定」「精神的豊かさ」があると考えています。これらの要素と地域通貨の関係について説明します。**

幸福・ウェルビーイングに関わる4つの要素 ①経済的安心

まずは、経済的安心についてです。日本人の幸福度向上のために、健康を損ないかねないレベルで日常生活に困窮している生活困窮者（低所得世帯・ひとり親世帯など）への支援は必須だと思います。

生活困窮者の方々が、日々の暮らしに必要な生活必需品の購入のための支援を、地域通貨で給付することは大変意義のあることです。

支援制度の1つに生活保護給付がありますが、現在は現金で支給されていますので、本来の目的である生活必需品やサービスの購入に利用されているかどうか分からない状況です。国の生活保護費負担金（事業費ベース）は年間3.5兆円を超えており、その内訳には生活扶助、医療扶助、住宅扶助、介護扶助などがありますが、日常の消費生活を扶助する生活扶助だけで毎年1兆円が支給されています。[10] 果たして私たちの血税がどれだけ本来の目的に利用されているのでしょうか。

世界に目を向けると、利用を限定する「クーポン」や「電子マネー」のような形式で生活保護の給付金が支給されている国があります。例えば、アメリカの低所得者用食料品購入支援プログラムの「SNAP」では、自治体が管理する銀行口座にひも付いたEBTカード（デビットカードと同様の機能を持つ決済用カード）が受給者に配られます。EBTカードで買

第1章 「円」より「縁」　99

えるのはSNAPで定められた一般的な食料品のみで、タバコやお酒などの嗜好品は購入できず、外食での利用や現金の引き出しもできません。

SNAPは、まさに生活支援の給付金が目的通りに利用されるように、利用できる商品カテゴリーや店舗を厳密に「限定」しています。

日本の生活保護をはじめとする生活者支援のための給付金は、現金で支給されることによって、生活必需品以外の嗜好品やアルコール、時にはギャンブルなどに回ってしまうケースがあり、日常生活を営むという本来の目的に使われていないことがあります。こうした給付金を、アメリカのSNAPの仕組みのように「地元で生活必需品を購入する」という目的に限定した地域通貨で支給する形に制度設計すれば、別の使われ方によって無駄になるお金が減るため、その分で給付金を増額したり、受給者を増やしたりすることができる可能性があります。

最近では日本でも、国が交付する出産・子育て応援交付金（妊婦に5万円、かつ妊娠している子の人数×5万円を支給）を、デジタル地域通貨で受給すれば給付額が上乗せされる制度を導入している自治体もあり、各種給付金のデジタル地域通貨での給付が今後普及していくことが期待されています。私たちが払った税金が、「生活支援」という目的通りに利用されることになりますので、大変意味のある取り組みだと思います。

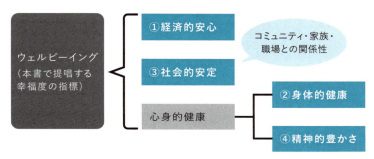

ウェルビーイングの4つの要素
①経済的安心　②身体的健康　③社会的安定　④精神的豊かさ

ただ、政府の中でもデジタル地域通貨での給付を全面的に認める動きがある一方、「給付は原則現金とする」という前例踏襲に固執する考え方もあるようで、大きなうねりには至っていないのは大変残念なことだと思います。**「現金給付では、血税が目的通りに適切に使われない」**という、より大きな問題に目を向けてほしいものです。

　このように**「生活する上での経済的安心」**という、人々が幸福感を得るための前提となる要素を、地域通貨の活用によって目的通りに実現させることが可能になり、同時に税金の**「無駄遣い」**が減ることになります。各種給付金を受給されている方にとっては、現金から地域通貨になることで利便性は低くなるため、不満を感じることもあるかもしれませんし、スマートフォンを持っていない・使えない人のための課題解消は必要です。しかし、地域通貨を使える店で生活必需品を買うことが、地域への貢献になるということと、税金を財源とする以上は生活必需品の購入支援という目的通りに使わなければならないことを理解していただく必要があると思います。

　自治体をはじめとする地域通貨の発行者に求められるのは、地域通貨にのせたメッセージを市民に伝えていく努力です。地域通貨の目的を「理解する（腹落ちする）」ためには、「お互い様（互酬）」とか「全体最適」という利他的な気持ちが必要ですし、「自分さえよければいい」「これまでより利便性が下がる」という利己的な考えとは対極にありますので、そのハードルは想像以上に高いでしょう。いきなり全額ではないにしても、一部を地域通貨で給付するという、段階的な進め方もあるのではないでしょうか。

　「お互い様（互酬）」や「全体最適」「利他的」という言葉は、自分の心が決めるしかない「幸福度」に、大きな影響があると思います。

幸福に関わる4つの要素 ②身体的健康

　身体的健康の大切さは言うまでもありません。すでに全国の自治体で

増えているのが、日々の歩数を計測するなどの健康増進活動や、体重・血圧の測定と記録、定期健診の受診などでポイントが付与されるというような取り組みです。地域通貨は、身体的健康の維持に大きく貢献できます。本書の第3章で、佐賀県の「SAGATOCO」など、健康増進の機能を備えた健康ポイント（地域通貨）の取り組み事例を紹介していますので、参照してください。

幸福に関わる4つの要素 ③社会的安定

社会的安定という要素が含まれていることも、ウェルビーイングとい

共生社会のための「する・みる・つたえる＆ささえる」のイメージ

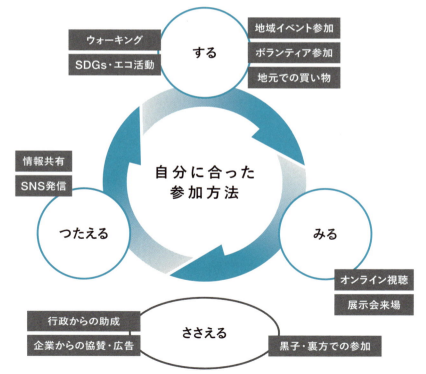

う概念の大きな特徴だと思います。「社会的安定」とは、「コミュニティ・家族・友人・職場」という自分が所属する広義の社会との関係性が安定していることです。特に、地域で行われるコミュニティの活性化のためのいろいろな活動と、地域通貨との親和性は極めて高いと言えます。

地域の各種イベントや祭事、ボランティアなどの「善行（いいこと）」に参加することでコミュニティとのつながりを感じられるだけでなく、一緒に参加する家族や友人とのコミュニケーションが増えて関係が良くなることも期待できます。会社がSDGsや健康経営に取り組むことで、職場での人間関係にも好影響が出てくるかもしれません。このように**地域社会に対して自分自身が心地よい関わりを持て、「居場所」を感じられるという「社会的安定」に、地域通貨は大きく貢献できる**のです。

幸福に関わる4つの要素 ④精神的豊かさ

地域通貨には、精神的な健康・豊かさの面での貢献にも大きな可能性があります。SDGs・エコ・ボランティアの活動や文化・芸術・スポーツイベントなど、市民が行う社会貢献・地域貢献活動に対してポイントを付与できるからです。簡単に言うと、「世のため・人のため」になる「善行（いいこと）」をすればインセンティブが得られる仕組みを、地域通貨は備えているということです。

社会貢献活動への参加方法には多様な選択肢があることが重要です。ある地域イベントに参加したいと思っても、イベント当日会場には行けないとか、体調不良で外出できないといったケースがあります。そういった場合、オンラインで応援・視聴したり、SNSで情報を拡散・共有したり、運営を黒子として支えたり、多様な関わり方ができ、それに対してポイントをもらえる仕組みにすることができます。左ページの図のように、「する・みる・つたえる&ささえる」という多様な参加方法をITやSNSで可能にし、社会貢献活動へのハードルを下げることも、地域通貨事業の腕の見せどころなのです。

この仕組みにより、域外の方でも参加が可能になりますし、病気やけがのため自宅や病院で療養中の方、また障がいをお持ちの方でも、自分に合った形で社会貢献活動に参加・関与することができて、地域通貨をもらうことができるのです。

　大切なのは、社会貢献・地域貢献活動を「義務」と捉えるのではなく、自発的に行うことです。それにより、社会的存在としての責任を果たしているという「誇りや充実感に近い満足・幸福」を感じることができ、精神的豊かさ・充足につながります。

　以上のように、「経済的安心」「身体的健康」「社会的安定」「精神的豊かさ」という幸福に関わる4つの要素を、地域通貨という仕組みで実現することが可能です。これは、**企業Payや円にはない「地域通貨ならでは」の機能です。別の見方をすれば、地域通貨と企業Payは対抗する関係にあるのではなく、補完関係にあり、共存・共栄を目指せるということです。**

　この「**地域通貨だからこそ実現できる幸福の4つの要素**」を、アメリカの心理学者マズローの欲求5段階説を参考にして考えてみたいと思います。

「マズローの欲求5段階説」とは？

　マズローの欲求5段階説とは、人間の欲求をピラミッド型の5段階に分けて説明しています。「贅沢はできないけど、節約すれば食うには困らない普通の生活」は、下層の「生理的欲求」「安全・安心の欲求」という物質的欲求を満たした状態と考えられます。「衣食足りて礼節を知る」ということわざ通り、最低限の「まずは生きていける」ことが担保されてから、初めて他者のことを気にかけることができるのだと思います。

① 生理的欲求

　生理的欲求とは、「生きていくために必要な基本的・本能的な欲求」で、

ピラミッドの最下層に位置します。

人間の本能である「食事」「睡眠」「排泄」などが該当し、これらが充足されない状況では生命の維持、すなわち生存が難しくなります。

② 安全・安心の欲求

安全・安心の欲求とは、「心身共に健康でかつ経済的にも安定した暮らしをしたい欲求」です。生命の危機を感じる状況から脱するための生理的欲求から1段階進んで、経済的にも不安がなく、健康に生活できる状態を得ようとする欲求です。

③ 所属と愛の欲求（社会的欲求）

所属と愛の欲求（社会的欲求）は、「家庭や友人、会社という集団に所属し、受け入れられたい」という欲求です。集団への所属や愛情を求める欲求であり、「帰属欲求」とも表現されます。この欲求が充足されない状態が続くと、孤立感・孤独感・社会的不安を感じることになりかね

マズローの「欲求5段階説」の概念図

自己実現の欲求
成長・向上心・達成感

自尊と承認の欲求
高位：自己肯定・自尊心
低位：名声や周囲からの尊敬を求める

所属と愛の欲求
職場・コミュニティ・家族など
集団への所属や友情・愛情を求める

安全・安心の欲求
安全に安心して生活できる欲求
安全な環境・経済的安定・健康

生理的欲求
生きていくための本能的欲求
食事・睡眠

利己的（自分中心的）

成長欲求

精神的欲求

欠乏欲求

物質的欲求

ません。

　人間には何らかの社会や集団に所属し、安心感を得たいという欲求があるという考え方です。さらに、自分が社会や集団に必要とされている、自分に果たせる役割があると感じることで満たされる欲求でもあります。

④ 自尊と承認の欲求

　自尊と承認の欲求は、「他者から尊敬されたい、自分の存在価値を認められたい」という欲求です。行動のモチベーションにもなりますし、自分の能力・ポテンシャルなどの価値に気づくきっかけや、成長の原動

マズローの「欲求6段階説」と地域通貨とウェルビーイングの関係

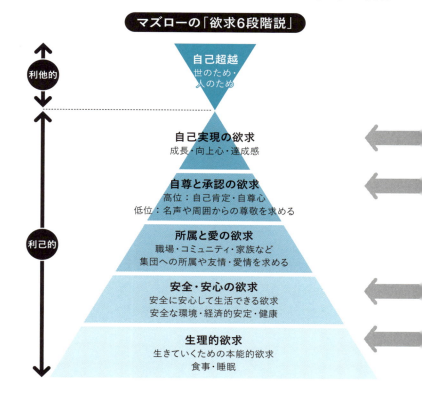

力にもなります。

　自尊と承認の欲求は、低位・高位の2つに分けられます。

・低位の欲求「承認」：社会的な地位や名誉、他人からの賞賛や注目、尊敬によって満たされる
・高位の欲求「自尊」：他者の評価にかかわらず、自己承認・自己尊重や意識づけができて、自立性を得ることで満たされる

　この承認欲求が満たされないと、劣等感や無力感などの感情につながる可能性があります。

⑤ **自己実現の欲求**

　自己実現の欲求は、「自分の能力・可能性を最大限に発揮し、理想の

地域通貨が付与される機会	ウェルビーイングの4つの要素
④ 社会貢献活動 　ボランティア 　環境保護活動 　SDGsへの取り組み	④ 精神的豊かさ 　シビックプライド 　（地元愛＋ 　社会的責任）
③ コミュニティ活動 　自治会・行事・祭事・ 　地域イベントへの参加	③ 社会的安定 　仕事・職場・家族・ 　コミュニティとの 　つながり
② 健康増進活動 　ウォーキングなどの運動 　検診・健診の受診	② 身体的健康 　病気やケガがない 　状態
① 生活支援 　各種給付金 　プレミアム付き商品券	① 経済的安心 　生活に困らない 　経済状態

自分、あるべき自分になりたいと願う」欲求です。

自分にしかできないことを成し遂げたい、自分らしく生きていきたいという欲求であり、理想の自己イメージと一致することを目指します。

マズローの欲求5段階説のピラミッドの中の最高位であり、この欲求だけは①～④の段階の欲求とは質的に異なります。

①～④は、何かが不足しているという「欠乏欲求」である一方、⑤は自己実現という内なる「成長欲求」であることです。

もしこの欲求が満たされないと、「自分は何のために生きているのか」という疑問を持ったり、繰り返しの日常に空虚さを感じたりするようになる可能性があります。

地域通貨の新しい価値観につながる「自己超越」の欲求

マズローの欲求5段階説は、その後「自己超越」という6層目を加えて、マズローの欲求6段階説として拡張されています。

「自己超越」は、見返りを求めず、「世のため・人のため」に貢献したいという欲求です。この自己超越の欲求は、本書で最も伝えたい「縁」という地域通貨の価値を考える上で非常に重要な要素となっています。「縁」という新しい価値観は、マズローが定義する6段階の人間の欲求すべてに関わります。

マズローの6段階の欲求と地域通貨が付与される機会、ウェルビーイングの関係を図にしてみました（106～107ページ参照）。

マズローの欲求6段階説を参照しながら、幸福に影響を与える要素を、低次の欲求である「普通の生活ができる安心」と、自己実現・自己超越という高次の欲求である「社会貢献という充足感」に当てはめて考えてみます。

この理論を理解する上で大切なことは、「低次の欲求」というのは、「低次元の欲求」ではなく、最重要で不可欠な状態への欲求ということです。幸福を感じるためには、生理的欲求と安全・安心の欲求という、

経済面でも健康面でも深刻な不安がなく、ある程度安心して普通の生活を送れることが、まずは何よりも大切です。

この低次の欲求には、経済的安心と身体的健康が必須となります。地域通貨は、マネー型の給付金支援によって経済的安心に、ポイント型の健康増進活動支援によって身体的健康に貢献できます。

そして、自己実現の欲求から自己超越という「世のため・人のため」「誰かのためになっている」「社会的存在としての責任を果たしている」という高次の満足感・充足感こそが、幸福のもう1つの方向性になると考えます。

利己と利他をつなぐ「縁」という価値

地域社会や地球、自然環境のために、自分が無理をせずとも貢献できることがあること、そしてその大切さを学び、実際に行動することで感じる充足感は、経済的な対価（お金）を得ることによる満足感とは異なるものではないでしょうか。重要なのは、経済的安心と身体的健康、安全の確保による「利己」の安心感と、社会貢献によって得られる「利他」の充足感の両方が、幸福を感じるためには大切であるということです。

誰かのために自分の貴重な時間を使うという意識変容・行動変容のきっかけをつくるのが地域通貨であり、不便な地域通貨のメッセージを受け取りながら、「地域に想いを馳せる」ことが大切なのです。

本書では、**この利己と利他という2つの要素は、「縁」という共通の価値でつなげることができると考えています。一人ひとりが、自分をひとりの社会的存在として捉え、「利己と利他のバランス」を取りながら生活することが、充実感、ひいては幸福感につながる**というのが本書の基本的な考え方です。

人はひとりでは生きていけないし、自然環境や社会環境、社会制度と関わりなく生活することもできないので、社会の一員としての「誰かのためにできるだけのことはする」という責任を持った行動をすることが、

社会的存在としての責任を果たすことなのだと思います。まずは、自分ひとりでできることはする、具体的には自分に関係する人や、環境にできるだけ負荷・負担をかけないように行動すること。次に、余裕があれば、支援を必要としている誰かに手を差し伸べることが、社会的存在としての望ましい行動です。

本書では、自然環境や地域コミュニティ、近隣に住む人など、自分以外のものすべてとの「有意義な関わりを持つ」ことを「利他」の行動であるとしています。

「関わり合い」の価値だから「縁」

前述したように、地域通貨は「地域・目的・期間」が限定され、それゆえに「メッセージを持つ」価値です。具体的には、誰（Who）から誰に（Whom）、どういう目的（What）で渡され、いつ（When）、どこで（Where）使われるべきかといったメッセージが込められています。**人や社会との有意義な関わり合いを持ってほしいというメッセージが込められた価値であることから、私はこの地域通貨の価値を「縁」と呼ぶことにしました。**

円とは異なる価値である「縁」は、誰かのためのいろいろな利他的行動と共にある価値なので、「幸せの価値観を多様化」します。誰かのためになっている行動によって得られた地域通貨「縁」が、地域コミュニティで利用されたり、支援を必要としている誰かに寄付されたりすることにつながり、利他の気持ちが循環していきます。

この「縁」という価値は、企業Payや円にはない、地域通貨ならではのものだと思います。

地域通貨「縁」は「便利すぎる円」の弱点を補完する

ここでいま一度、法定通貨「円」と地域通貨「縁」との関係について、私の考えをお伝えさせてください。

「円」は、誰でも、いつでも、どこでも、どのような目的でも利用でき、それが円の特徴であり最大の価値でもあります。円は、「○○のために、いつまでに利用してください」といったメッセージを持たず、用途を限定することもできません。たとえ「子育てのために支援します」として現金を給付しても、本当に子育てのために利用されるかどうか分かりません。別の目的に利用されるかもしれませんし、タンス預金になってしまったり、ギャンブルなどに利用されたりすることも防げないのです。

私は本書でここまで何度か「便利すぎる円」という表現を使ってきましたが、要は「円では用途を限定できないため、○○に使ってほしいという目的を果たせない（こともある）」ということです。円は地域通貨と異なり、どこで利用されたかというデータも取れませんので、その施策が有効だったかどうかの効果測定も正確にできません。

一方の地域通貨「縁」は、対象者も用途も限定されますので、円より使い勝手が悪く、不便な通貨です。ただ、税金を原資とした場合、用途・目的通りに使われることが望ましいので、不便になったとしても、限定的にしか使えない価値であることが重要なのです。

使い勝手のいい「円」は日常生活に欠かせない価値であることは間違いありませんが、その便利すぎるという弱点を補完するものが、地域・目的・期間が限定された地域通貨「縁」なのです。

地域通貨は税金を適切に使うための道具ではありますが、地域社会やそこで日々働き生活する人たちとの関わりを、メッセージを持ってつなぐ価値であるからこそ「縁」と呼びます。

「地イ活」で幸福の新たな価値観を育む

経済的な価値である「円」に対して、本書で提案する地域通貨「縁」の価値は、一人ひとりの幸福、すなわちウェルビーイングに資するものでした。ウェルビーイングの4つの要素である、経済的安心、身体的健康、社会的安定、そして精神的豊かさのおのおのに、地域通貨「縁」は、時

にはマネー型（Pay機能）で、時には善行ポイントというポイント型として、目的に応じてその姿を柔軟に変えながら役割を果たせることを説明してきました。

ここで、当社として今後展開していく「地イ活」というコンセプトを提案したいと思います。**「地イ活」とは、「地域でいいことをする活動」、すなわち地域で「善行」をすることで地域通貨を集めようというムーブメント**です。

善行といっても、いきなりボランティアに参加するなどハードルを上げる必要はありません。自分の日常生活の動線のなかで、無理せずにできることから始めればよいかと思います。

例えば、地域イベントに参加したり、地域のスポーツチームを応援したり、地元の人が出演するコンサートや演劇を鑑賞したりと、近所に「お出かけ」すること。節電をしたり、マイカー出勤を控えたりと、環境のために行動すること。また、健康を考えてウォーキングをしたり、休肝日を設けたり……など、自分自身のための行動から始めることもよいでしょう。「こんなことでいいの？」と思えるくらいのことでも「縁」という価値、すなわち地域通貨の善行ポイントをもらえるという考え方が、「地イ活」のコンセプトなのです。

「縁」というメッセージを持つ地域通貨という道具が、個人の行動変容のきっかけをつくり、その行動が地元愛を育み社会的責任を果たすことで「シビックプライド」を感じることができれば、それは「円」という従来の経済的価値観とは違った新しい幸せの価値観なのではないでしょうか。

とはいえ、「いいこと」をしてもらえるポイントだけでは、地域経済への波及効果は限られます。地域通貨「縁」は地域経済にも貢献できるような規模にもなり得る価値でなければなりません。例えば、子育て世帯・高齢者・生活困窮者への給付や、消費刺激策である商品券などによる地域経済の活性化にまでつながるように制度設計することが必要です。

そして、**誰でも簡単に地域通貨「縁」という価値を入手でき、また利用できるようにして、その結果（履歴）を数値化して見える化することによって初めて、「地域経済・コミュニティ・個人の3つの活性化のためのプラットフォームとしての共通価値」になる**と思います。

地域通貨は、経済的価値と社会貢献価値の両方を備えています。コミュニティの活性化と個人の活性化につながる「いいこと」をしてもらえたポイントは、特典をもらう、消費に使うといった形で地域経済の活性化にも使うことができ、**地域貢献活動が経済効果にもつながるのです。**

人々が地域通貨を日常的に活用することで、「円」という経済的価値観とは異なる価値観を持つことができれば、「幸せ」がもっと多面的・多要素的になるのではないかと考えています。幸せを感じる要素はいろいろあると思いますが、利己的な欲やメリットだけを考えるのではなく、前述したような自己超越の欲求である「世のため・人のため」に自分ができることを考えて行動し、「縁」という新たな価値を地域通貨で受け取ることが幸福感にもつながると思いますが、いかがでしょうか。

つまるところ、「世のため・人のためは、ひいては自分のため（幸福）になる」ということになるのだろうという思いに至ると、どうしても「情けは人のためならず（自分のためになる）」ということわざが頭に浮かびます。先人はとうの昔に、この道理を看破していたということなのでしょう。先人を越えるのは容易ではない、というか、大切なことの本質は今も昔も何も変わっていないのだろうと感じます。

第1章「円」より「縁」　113

Part 6

他国に学ぶ「円より縁」と幸福感

デンマークの高い幸福度の秘密「ヒュッゲ」

　世界幸福度報告書において、北欧の国が上位10カ国のうち5カ国を占めていることは先に述べました。北欧の幸福度の高さの秘密は何なのでしょうか。

　デンマークを例に取ると、消費税に当たる付加価値税は日本の10％どころではなく25％です。軽減税率もありません。所得税は、年間所得総額39万クローネ（約880万円※）までの最高税率が52％ですが、これを超えると累進税率が適用され、最高税率は67～68％にも上ります。[*11]この高い税率を国民は納得して負担しています。なぜでしょうか？

　まずデンマークでは、教育費は義務教育から大学まで無料のため、親の収入などで将来の可能性が狭められることはありませんので、教育の面で「機会均等」な社会と言えます。

　医療費・介護費も原則無料です。日本のような社会保険制度とは異なり、社会保険料の負担がありません。たとえ貯金がなくても、家族がいなくても、手厚い医療・介護を受けて、人生の終焉を迎えることができる体制が整っています。

　デンマーク国民には資産運用をする方も多いですが、「生きているうちに、自分のためにできるだけ使う」というのが基本的な考え方です。「お金は墓場まで持って行けない」という言葉がありますが、まさにその認識が浸透しているようです。

　「税金さえ払っていれば、贅沢はできなくても、人生の終焉まで普通の暮らしができる」と保障されていることは、何ものにも代えがたい安心・安寧な状態ではないでしょうか。

114　　　　　　　　　　　　　　　　　※1デンマーククローネ＝22.5円で換算

日本では2019年に、金融庁の金融審議会「市場ワーキング・グループ」による「高齢夫婦無職世帯において、老後20〜30年間で生活費が約1300万〜2000万円不足する」とした報告書、いわゆる「老後2000万円問題」が話題になりました。前述のデンマーク国民の老後の生活に対する考え方は、老後の不安や心配を抱えながら生きている日本人の価値観とは、大きく異なっていると言えるでしょう。

　デンマークの年金制度の持続可能性は国際的にも高く評価されており、[*12]その効果は数字にも表れています。OECDの報告書「Pensions at a Glance 2021（図表で見る年金2021年版）」によると、デンマーク、アイスランド、オランダでは、66歳以上の人々の相対的貧困率が4％を下回っています。

　ちなみに、日本の高齢者の貧困率（所得が全人口の家計所得の中央値の半分を下回る人の割合）はOECD平均を上回っており、男性が16.4％で、女性はさらに高く22.8％です。平均では日本の高齢者の5人に1人が貧困状態にあることになります。

　こうした高齢者の貧困率の高さは、老後不安とも直結している問題ですので、日本が「貯金がなくても安心して老後を迎えられる社会」になることは、1つの目指すべき方向性ではないかと考えます。

　デンマークは福祉国家と言えますが、「福祉」を重視する国では、「困っている人、弱い立場に置かれている人に手を差し伸べること」が優先されています。**「困った状況にある人をできるだけ少なくする」ことを政府が責任を持って継続して取り組むことによる信頼と安心が、デンマークの人々の幸福度の高さの根底にあるのだと思います。**

　先述の中国の作家・方方氏の「文明度を測る唯一の基準は、経済力でも軍事力でもなく、**弱者に対する態度**である」という言葉が一層説得力を増してきます。

　デンマークの国民の多くは、Part5で示したマズローの「生理的欲求」「安全・安心の欲求」が基本的に満たされ、経済面でも健康面でも不安を

第1章　「円」より「縁」　115

抱きにくく、普通の生活が送れる「物質的欲求」を満たした状態にあると言えます。**「税金は高いけれど、税金さえ払えば、将来も不安のない普通の生活が送れる」と多くの国民が認識していることが、「デンマーク人は喜んで税金を払う」と言われる**所以です。

ちなみに、ずいぶん前になりますが、ノルウェー人の友人が**「高い税金を払うことを義務と考えると嫌になるから、自分が将来も不安なく安心して生活できような社会への投資をしていると考えるようにしてい**

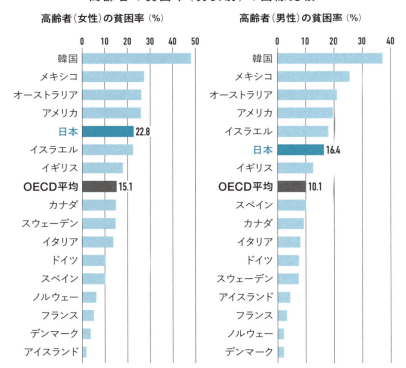

高齢者の貧困率（男女別）の国際比較

内閣府男女共同参画局「男女共同参画白書 2022年版」掲載のOECD「Pensions at a Glance 2021」のデータ（国は一部抜粋）を基に作成。日本については2018年のデータで、65歳以上を高齢者とする。貧困率の定義は、所得が全人口の家計所得の中央値の半分を下回る人の割合

る」と言っていました。この言葉は今考えると大変示唆的だったと思います。

　日本もデンマークと同じような仕組みにすればよいのでは、という意見もあるかと思いますが、それについては残念ながら簡単ではないと思います。日本との根本的な違いは、デンマークの国民の多くが政府や政治家を信用・信頼している点だと思います。

　デンマークでは、国民の最低限の生活基盤が徹底的に「平等」であることを最優先して国家が運営されており、「国民のために税金を適切に使ってくれている」という政府への信頼があるからこそ、国民は高い税率でも納得して負担していると言えるでしょう。この「政府を信じる」という本来のあるべき状態を、今の日本ではなかなか期待できないというのは大変残念なことだと思います。

　税金の話からは離れますが、デンマークでは政治家、特に地方議会の議員のほとんどがボランティアですから、職業として政治家の仕事をしている人は稀です。実際のところ、職業になるほどの収入は得られないので、長くは続けられません。地方議員は別の職業を持っている人がほとんどですので、議会は早朝もしくは夕方から開催されるのが普通です。地方議員の仕事はあくまでもボランティアなので、まさに「公僕」として、任期中に自分の関心のある社会課題の解決に努め、任期後は本業に戻っていきます。

　デンマークの幸福度の高さの秘密は、安定した社会保障制度以外にも、デンマーク語の「**ヒュッゲ（Hygge）**」という言葉にあるといわれています。[*13] 最近は日本のテレビ番組にも「ヒュッゲ」という言葉を冠した番組がありますし、雑誌の特集になったり、書籍も出版されたりしていますので、日本でも少しずつ浸透しているかもしれません。

　ヒュッゲは、もともとは「満ち足りている」という意味のノルウェー語が語源で、明確な定義はないようですが、「安らかで、満ち足りている気持ち」ということのようです。

第1章　「円」より「縁」　117

この「満ち足りている」という状態は、大切な家族や友人と一緒に、また時にはひとりだけの時間を、自分のお気に入りのものに囲まれて過ごしたり、豊かな自然に囲まれて自分が自然の一部なのだと体感しながら過ごしたりしているときなどに感じる気持ちだと思います。デンマーク語には、挨拶をはじめとした多くの言葉がヒュッゲに語源を持っているくらい、ヒュッゲは身近な概念であるようです。

私が北欧の友人や知り合いと話していて感じるのは、この「満ち足りている」という気持ちには、「自分が社会の一員としての責任を果たしている充足感と誇り」が根っこにあるということです。この「社会的責任をきちんと果たしている」ということは、デンマーク人にとってはあえて話題にするまでもない、「あまりにも当たり前のこと」なのだと、私は感じています。

「困った人には手を差し伸べる」「自然環境に優しいエコな生活を送る」「地域社会の維持のための活動に参加する」などは、「〜するべき」「〜しなければならない」という義務感からではなく、まさに「当たり前」の振る舞いなのだと思います。自分が「自然の一部であり、また社会の一員であるという意識」があれば、そうした行為はおのずと果たすべき「当たり前の責任」として、普段の生活や言動に深く組み込まれるものなのでしょう。本書でも幾度か触れた「シビックプライド(地域に対する市民の愛着と誇り)」に通じる精神だと思います。

デンマークの人たちに浸透しているヒュッゲという言葉の前提には、社会的な責任を果たしているというシビックプライドがあり、その誇りが幸福度の高さや地元への愛着にもつながっているのだと思います。

ドイツ人は、2つの人生を同時に送っている

ここで、話をドイツに転じます。私がドイツに8年間駐在していて感じたことの1つは、「ドイツ人は地元が大好き」ということです。その背景には、ドイツ人の地域コミュニティとの関わりの強さがあると考えて

います。「**フェライン（Verein）」という地域コミュニティ活動があり、ドイツの子どもたちは両親や祖父母が参加するフェラインに幼い頃から連れて行ってもらっているので、地元愛が育まれやすいのだと思います。**大都会に出ることをよしとせず、生まれた町や村に誇りを持って、生涯を同じ地域で過ごす人も少なくありません。

「フェライン」とは、「協会・クラブ・同好会」のような意味を持つ、地域に根差した組織制度です。数千人が参加するフェラインもありますし、数名程度の小規模なフェラインもあります。有名なドイツのサッカークラブもほとんどがフェラインです。活動内容は多種多様で、音楽、絵画、手芸、ペット、ワイン、DIY、写真、社交ダンスのほか、盆栽や錦鯉など日本文化をテーマにしたフェラインもあります。また、趣味を中心とした同好会的な活動だけでなく、社会福祉や環境保護、歴史研究、社会問題研究などの社会的な活動を行うフェラインもあり、正式な登録がないものも含めると、ドイツ全体で40万以上のフェラインがあるともいわれています。

「フェライン」は地域コミュニティを支える存在であり、市民は地域貢献の一環として複数のフェラインに所属することが一般的です。ひとりがいくつかのフェラインに所属することで、市民の間に多くの交流が生まれ、それらが深まり、拡大して、地域コミュニティにおけるさまざまな「役割」を担うことになります。

各自が自分の関心のある活動に参加するわけですから、楽しいだけでなく、生きがいを感じ、社会や地域に貢献しているという実感によって「自分という存在への肯定感や誇り」を感じるまでになります。**地域コミュニティとの関わりを持つことで、ひとり暮らしであっても孤立を感じることなく精神的にも安定し、主体的に活動することで、自分自身の生活や人生を豊かなものにする**ことにつながっています。フェラインの活動を通して「地元大好き！」という愛着も育まれやすく、たとえ大学進学などで地元を離れても、就職は地元、もしくはできるだけ地元に近

い町で見つけるという人が多くなっています。

　ドイツには、ブレーメン、ハンブルグ、ケルン、フランクフルト、シュトゥットガルト、ミュンヘン、ベルリンなど、私たちでも名前を知っている町が多いと思いますが、これらの町は中核都市としてドイツ全土にバランスよく点在しています。まるで、人口的に配置されたかのようです。背景として、ドイツには有力な諸侯が点在していたことなどがありますが、現在でもそれぞれが独特の文化・言語を持った都市として誇り高く繁栄しています。ベルリンやハンブルク、ミュンヘンなどの人口100万人を超える大都市はありますが、日本で言うところの東京一極集中のような現象はありません。

　ここで、私のソニー時代のドイツ人の元同僚を紹介させていただきます。彼はドイツ人らしく勤勉に仕事をこなしていましたが、残業はほとんどせずに16時か遅くとも17時には帰宅していました。プライベートではサッカーとバンド演奏のフェラインに参加していましたので、平日は練習で忙しく、週末は試合やステージなどの本番に参加と、本当に精力的に活動していました。

　また、近所のコミュニティではちょっとした有名人でした。彼は日曜大工では玄人はだしの腕前で、多くのお弟子さんを持っていました。

　ドイツにはマイスター制度もあり、ものづくりの国ですから、ドイツ人の多くは庭に子ども部屋を建てたり、台所やリビングルームをリフォームしたりといった工事くらいは自分で行います。ものづくりへのこだわりが強い人が多いので、プロ並みの腕を持つその同僚は、周囲からいろいろとアドバイスを求められ、いつのまにか「日曜大工の棟梁」のようになっていました。彼は当然のごとく、何の見返りも求めず、ボランティアで教えていました。

　彼から聞いて今も忘れられないのが、**「ドイツ人は、人生を2つ持っている」**という言葉です。それは、「現役時代の人生と、退職した後の第2の人生」ではなく、「同時に並行する2つの人生」という意味でした。

当初私は、2つの人生とは「仕事とプライベート」を指すのだろうと短絡的に考えましたが、そうではありませんでした。彼の意味する「2つ目の人生」とは、家族と過ごしたり、自分の趣味に没頭したりするプライベートな時間という意味ではなかったのです。

いろいろ話して分かったのは、彼の言う「**2つ目の人生**」とは、社会**貢献・地域貢献という「公」の意味合いを持ち、「公のための自分」の人生**なのだということでした。「**（家族などの身内を含まない）誰かのために、自分は存在したい**」と彼は言っていました。今考えると、それはマズローの自己超越の考え方そのものだと思います。

彼が、ゼネラルマネージャー（部長）への昇進を断ったことにも驚きました。仕事においても大変優秀な人物で、昇進は当然だったのですが、「ゼネラルマネージャーになると17時以降の会議に週2回くらい出席しなければならないから、人生のバランスが崩れる。**給料はもっともらえるとうれしいけど、自分の時間を犠牲にはできない**」という理由で拒否したのです。

私が彼に、「奥さんは、あなたが偉くなって給料が上がることを期待しているのでは？」と聞くと、「妻も、私が仕事で遅くなって自分の時間が短くなるくらいなら昇進しないほうがいいと言っている。子どもも反対すると思う」とのことでした。ドイツでは国も労働組合も、労働時間の短縮を最優先課題の1つとして取り組んでおり、退社時間が遅くなることへの抵抗感は大変強いので、彼のような考えは珍しくありません。

そして「**家族以外で一番大切なものは、時間**」という彼の言葉は、その後の私の価値観に大きな影響を与えることになりました。昇進を断ってでも確保したい大切な時間を、家族との時間や自分の趣味に費やすだけでなく、**2つ目の人生である「公のための自分」として活動する時間に充てることが、彼の幸福感につながっています。**

ドイツのようにキリスト教徒が国民の約半数を占める国では、「隣人を愛せよ」というキリスト教の教えからか、社会貢献意識が高く、寄付

文化なども根付いているといわれますが、彼の「世のため・人のため」という考え方は、それを身をもって教えてくれているようでした。何事にも「公」や「利他」の意識で取り組むことで自分の存在する意味を感じ、充実感・幸福感をも感じている様子を、彼の身近にいて学ぶことができたのは、当時30代前半だった私にとって、かけがえのない貴重な経験となりました。

彼にとって「公」のための活動は、フェライン活動、日曜大工の棟梁としての活動、地域イベントで演奏する演者としての活動です。裏を返せば、会社員として仕事でお金を稼ぐことや家族と過ごすことは彼にとって「私」の活動であり、それ以外の活動は「公」につながるということなのだと思います。

会社は17時で退社して、家族との時間も大切にしながら、「公」の自分として活動する時間を大切にして充実感・充足感を感じることは、彼にとっての「幸せ」なのだと思いますし、**この幸福感は、デンマークの「ヒュッゲ」と根本的なところで共通**なのだと思います。

幸福のための「円より縁」

浅学非才の私が、地域通貨についての本を通じて、「幸福」という大それたテーマに挑戦するに至った経緯を少しお伝えしたいと思います。

「幸福」とは、広辞苑によると「満ち足りていること。不平や不満がなく、たのしいこと。また、そのさま」という意味だそうですが、私は辞書による定義がどうであれ**「幸せかどうかは、自分の心が決めるもの」**だと考えています。

資産の多寡や、職場での役職や学歴などとは関係なく、その人が「どのような時間を過ごしているか」ということが、幸福感に深く関わるのではないかと思っています。

これまでに60以上の国や地域と47都道府県を訪問しました。多くの人と出会い、時には一緒に食事をして杯を傾けながら、ビジネスの話だ

けでなく、メンタリティーや価値観について話をさせていただく貴重な機会を持ちました。

その経験を通して感じるのは、日本も含め、世界中のどんな国や地域に住んでいても、**「自分は幸せだと感じている人には共通点がある」**ということでした。その大きな共通点が、**「時間をとても大切にしている」ことです。大切な家族・友人・同僚との時間や、時にはひとりの時間を大切にしていること、そして「誰かのために」自分の大切な時間を使っているということです。「世のため・人のため」という精神を大切にしていると言える**かもしれません。

「汝の隣人を愛せよ」というキリスト教の教えがありますが、「隣人を自分と同じように愛する」ということは、隣人を愛することが、結果的に自分をより幸せにするということだと、私は理解しています。日本の「情けは人のためならず（自分のためになる）」や「利他」という言葉と、根っこは共通なのだと思います。

また、**「隣人」とは、「人（人間）」だけでなく、すべての生き物はもちろん、自然環境・地球環境まで含めることができ、本書においては、「地域社会も隣人」**と捉えることができます。すなわち、「隣人とは自分以外のすべて」と言えるのかもしれません。隣人という概念を「自分と自分以外（万物）との関係」と捉え始めると、キリスト教だけでなく仏教や儒教とも共通する考え方になるかもしれません。

この考え方を踏まえて改めて幸福というものを考えてみると、**「隣人である自分以外のものすべて（万物）」と良い関係を持てたなら、きっと幸福を感じることになる**のではないでしょうか。

その「自分以外」のすべて（万物）との関係を良くするためには、まずは自分を大事にすることが必要で、**「自分のスタンス（姿勢）」を整えること**が大切なのだと思います。家族・友人・同僚とどう向き合うか、自然環境・地球環境、そして地域社会とどう向き合うかといった、あらゆるものに対してのスタンス（姿勢）です。

良いスタンス（姿勢）を持つために重要なことは、対象に向けて愛情・尊敬・責任を持つことだと思います。スタンス（姿勢）が良ければ対象と良好な関係を築くことができ、自身の幸福感につながります。

家族や友人との関係など、プライベートにおいてもスタンスは大切ですし、自然環境・地球環境・地域社会と良好な関係をつくるための「愛情・尊敬・責任を持つというスタンス」があれば、おのずとSDGsや地域貢献にもつながるのではないでしょうか。

「責任」というスタンスの重要性は、グローカル（グローバル＆ローカル）のアジェンダにも深く関わります。気候変動や環境汚染などのグローバルな課題も、コミュニティ活動の停滞といったローカル（地域）の課題も、人々の「責任の希薄さ」に起因していると思います。「責任の希薄さ」への気づきという意識変容から、「責任の実行」という行動変容につなげることで、グローカルなアジェンダの課題解決を目指さなければなりません。

私たちの自然・地球・地域との関わりにおいて、課題と向き合うために必要なスタンスである愛情・尊敬を育み、その責任を果たすための行動変容のきっかけを生み、そのハードルを下げる可能性を秘めている道具が、地域通貨なのだと思います。

「民度」「利己と利他」「（マズローの）自己超越」「心身の健康（ウェルビーイング）」などの言葉を使って私が本書で伝えようとしてきたことは、平たく言うと、幸福度を高めるための1つの鍵は「世のため・人のため」という意識を持って、自分の大切な時間を過ごしているか、ということに尽きるのかもしれません。

124

第**2**章

地域通貨の
立ち上げから
普及に至るまで

サイテックアイ創業者・顧問
善生憲司

本章では、香川県高松市で地域通貨事務局を運営している「サイテックアイ株式会社」の事業の立ち上げから普及に至るまでの具体的な取り組みの物語を共有していきます。私が地域通貨事業に携わって約15年、デジタル地域通貨の決済ツールはICカードからアプリへと進化し、2009年に開設した地元・香川の地域通貨事業の運営母体「めぐりん事務局」の名称も「マイデジ事務局」になりました。事業立ち上げ当初から今日までの日々は失敗の連続でしたが、継続することで見えてきた地域通貨事業の成功のシナリオと地方経済の未来についてお伝えしたいと思います。

ITの知識ゼロだった私が地域通貨の会社を設立

　私はもともと地域通貨事業に関わる前は香川県で飲食事業を営んでおり、レストランバーや和食、カフェ、和菓子などのお店を24歳の頃から経営し、34歳の時に東京へ進出しようとしていた矢先のことでした。当時、お店のポイントや割引などの販促サービスは、基本的に紙によるアナログ対応でしたが、東京進出を機にシステム化を図り、ITを活用した販促を企画しようと検討していたところ、地元の知り合いのシステム会社から「フェリカポケット」という仕組みを紹介されました。

　フェリカポケットの技術を使うと、交通系IC乗車券や流通系電子マネーのICカードなどの1枚のカードに個別のサービスを複数搭載することができ、地域サービスを活性化するご当地カードや学生証、診察券、そしてポイント機能を持つファンクラブカードなど、さまざまな用途に対応したカードが当時広く普及していました。

　このカードを私が経営している店舗の販促で利用したいと言ったことが、地域通貨の世界へ足を踏み入れた最初の一歩でした。当初はこのカードやシステムを導入したいと考えていただけで、まさか自分がこの仕組みを提供する側になるとは思ってもみませんでした。しかし何のご縁

126

か、「このカードを使った事業に投資をするから会社を立ち上げたらどうだろう」という人に出会ったり、「今働いている会社を辞めるので事業を一緒にやろう」という人が出てきたりと、なんとなく新しい会社でもつくろうかというような雰囲気が漂ってきたのです。私としては東京で飲食店を出店することがもともとの目的で、そのための道具を探していただけだったのですが、お金を出してくれる人、事業に協力してくれる人、そしてフェリカポケットという仕組み、俗に言う「ヒト・モノ・おカネ」がそろったとき、これも何かのご縁かなと思ったことを今でも鮮明に覚えています。

　そのような経緯で、気が付けば飲食事業を一旦横に置き、地域通貨事業を運営する「サイテックアイ株式会社」を2009年1月に設立していました。当然、失敗すると思って会社を起こす人はいないと思います。私も意気揚々と会社を立ち上げたわけですが、ITの知識がほぼゼロだった私は、とりあえず手探り状態で事業をスタートし、大した理念もコンセプトもない状態でサービスを始めてしまったことが、そもそもの失敗の始まりでした。

事業開始から半年も経たず加盟店が全店解約

　創業してすぐ、フェリカポケットの技術が搭載されていたイオンの電子マネーWAONカードに相乗りする形で、高松市内を中心に地域共通ポイント「めぐりんマイル」というサービスをスタートさせました。お店で買い物をするとマイルが貯まり、貯まったマイルを1マイル＝1円として利用できるという、単純なお買い物ポイントとしてのサービスです。当初は個人の知り合いをたどり、お付き合いでなんとか40店舗ほどに加盟してもらいましたが、開始から半年も経たないうちに、「サービスを利用するお客がいないからやめたい」という店舗が続出し、加盟店がゼロになってしまいました。今考えれば当たり前ですが、2009年当時すでにTポイントやPontaなど全国大手の共通ポイントのほか、チェー

第2章　地域通貨の立ち上げから普及に至るまで　127

ン店や個人商店で独自のポイントサービスを行っている店は星の数ほど
あり、「地域ポイントって何?」という時代でした。そしてサービスを
利用する人がほとんどいなかったため、やがて加盟店が全店解約してし
まったのです。暗中模索で1年が過ぎようとしていたころ、高松市内に
ある高松兵庫町商店街振興組合から、電子マネーやポイントサービスを
商店街で導入することを検討しているというお話をいただき、私は藁を
もすがる思いでその商店街へ駆け付けました。

商店街組合理事長のリーダーシップで導入が進む

　一般的に商店街には、昔からその土地で商売をしているお店が多く、
店主も高齢で保守的な人が多いというイメージがあります。しかし、高
松兵庫町(以下、兵庫町)商店街の当時の理事長は、非常に積極的で新
しいものや斬新な取り組みに興味があり、商店街の将来の姿を独自の目
線で考えておられる方でした。理事長の決断は速く、最初の面会から約
3カ月で、商店街の共通ポイントとして「めぐりんマイル」と電子マネー
WAONを導入することが決まりました。商店街の各店で、電子マネー
WAONが使えて「めぐりんマイル」が貯まるICカード「めぐりんWAON
カード」で決済できるようになったのです。

　普通はこのようなサービスの導入が決まると、あとは業者に丸投げと
いう依頼主がほとんどですが、理事長は「あなたたちだけでは組合員が
納得しづらいだろう」と、我々と一緒に1店舗ずつ説得に回ってくれた
のです。お陰でスタート当初から、商店街の半分近くのお店に参加して
もらうことができました。過去の経験上、恐らく我々事務局スタッフの
力だけでは、全体の1割程度しか導入が進まなかっただろうと思います。
事業を成功させるためには、地元のリーダーがイニシアチブを取って積
極的に物事を判断することはもちろん、口だけでなく自ら行動すること
がとても重要です。そして、商店街のようなある程度まとまったエリア
に加盟店の集合体をつくることも大切で、その場所が核となって、利用

者の利便性とロイヤリティ（愛着や忠誠心）が高まり、周辺の事業者の参加も徐々に増えていくことを実感させられました。

コミュニティを活性化する「地域ポイント」としても活用

「めぐりんマイル」はお買い物ポイントとしてスタートしましたが、2010年からは地域のための活動に参加した人へポイントを付与する取り組みを始めました。代表的なものとしては、毎月第1日曜日の朝8時から兵庫町商店街周辺の清掃活動に参加した人に300円分のポイントを付与する特典で、これは現在も続いています。

コミュニティを活性化させるために地域ポイントの運用を開始したのは、兵庫町商店街からです。地域の人に清掃活動に参加してもらうなどの取り組みは昔からよくありますが、参加者にはお礼としてお茶やジュース、パンを配るといった慣習が一般的でした。それを地域での買い物に使えるポイントを進呈することで、清掃の帰りにコーヒーを飲んだり、新聞を買ったり、クリーニングの割引に使ったりと、自分の好きなものに利用できるようになり、とても喜ばれています。また、商店街のクリスマスイベントやボランティア活動に参加した組合員にもポイントで報酬を提供するなど、コミュニティ活動への参加を促すツールとしても利用されています。

こうして「めぐりんマイル」は兵庫町商店街での導入を皮切

商店街の清掃活動での
ポイント付与の案内

りに、1年が過ぎたころには加盟店が約100店舗まで増えました。

貯めたポイントを寄付できるスキームを構築

買い物と地域活動への参加でポイントを貯められるようになったところで、使い道も買い物だけでなく、地域に役立つことに活用できないかと考えていました。そこで、貯まったポイントを地元のNPO法人などへ寄付する形で、子育て支援や障がい者支援を行う団体などの活動に貢献する取り組みを2010年からスタートしました。

現在は、次のような寄付先が登録されています。

「めぐりんマイル（現・マイデジポイント）」の寄付先一覧

・特定非営利法人 らでぃっしゅ

・特定非営利活動法人 マイシアター高松

・障害福祉サービス事業所 どんぐり山作業所

・障害福祉サービス事業所 サン

・児童心理治療施設 若竹学園

・なないろ障がい者地域生活支援センター

・認定NPO法人 わははネット

・NPO グリーンコンシューマー高松

・障がい者福祉サービス事業所 Doやまびこ

・社会福祉法人 朝日園

・さぬきポレポレ農園

ただ、日本ではまだまだドネーション（寄付）文化が定着していないこともあり、貯まったポイントで寄付する人は少なく、1団体当たり年間1万円未満の寄付しか集まっていません。そこで、運営事務局として

何かできることがないかと検討した結果、毎月加盟店へ紙で郵送していた決済手数料などの請求書をデジタル化することで、郵送費や印刷代などの事務経費を削減。浮いた経費を使って、寄付先の団体の活動を市民に知ってもらうような広報を行い、利用者がポイントで寄付するきっかけを増やしています。

地元のスポーツ団体でも地域ポイントを特典に

多くの地方都市には、バスケットボール、野球、サッカーなど地域を拠点にしたスポーツ団体があり、スポーツを通じて地元を元気にするというミッションを持っています。オフシーズンなど試合のない時期は、地元のさまざまなボランティアなどに参加しながら地域に貢献するホームタウン活動を行うことが、ローカルスポーツ団体の重要な取り組みの1つになっています。香川県でも、スポーツを通じて地元を盛り上げたい団体と、地域通貨で地元を応援しようとするめぐりん事務局が共通の思いを持っていたことから、事業連携を行うことになりました。

最初に連携したのは高松市をホームタウンとするプロバスケットボールチーム、高松ファイブアローズ（現・香川ファイブアローズ）で、試合を見に来たファンクラブ会員に地域ポイント「めぐりんマイル」を付与するサービスを行いました。もともとチーム独自のポイントをファンに付与していましたが、バスケットボールの試合は年間で約52試合しかないため、試合のある日だけではなかなかポイントが貯まらず、使える機会もほとんどない状況でした。

地域ポイントと連携したことで、ファンは試合のチケット購入や会場での買い物などで貯まったポイントを試合のない日に日常生活で使うことができ、また、日常生活で貯まったポイントを試合会場で使えるようになり、利便性が格段に高まりました。地域ポイントで交換できる商品に選手のサインボールやオフショット写真などの非売品を加えることで、地域ポイントならではのオリジナリティを出す工夫も行ってきました。

高松市の健康ポイント事業で初めて行政と連携

「めぐりんマイル」は民間のサービスとして実施してきましたが、2012年には行政と連携した事業を初めて実施しました。高松市が専門性・先駆性を持つ市民団体から公益事業を募集していたことから、めぐりん事務局と高松兵庫町商店街振興組合が共同で、市民に歩くことを促す「健康ポイント事業」を提案し、採用されたのです。

高松市の健康ポイント事業
「てくてくでトクトク」の案内

この健康ポイント事業は、「てくてくでトクトク」という名称で期間限定で実施しました。商店街の買い物客に歩数計を貸し出し、買い物をしながら歩いた歩数を測ってもらい、200歩につき1マイルの「めぐりんマイル」を進呈するという取り組みで、貯まったマイルは商店街などの加盟店での買い物に利用できます。一般的に買い物金額と滞在時間には相関関係があると考えられており、歩数に応じてポイントを進呈することで、買い物客の商店街での回遊性を高めて滞在時間を延ばし、消費金

額が増えることを期待しました。

最近ではアプリを活用して、全国の自治体で同様の健康ポイント事業が数多く行われていますが、2012年に実施した高松市のこの取り組みは、全国でも先駆的な事例だったのではないかと思います。

電力・ガスの自由化で各社のポイントを地域ポイントへ

2016年に電力、2017年にガスの小売全面自由化が相次いで始まったことを機に、電力会社やガス会社との連携もスタートしました。自由化に伴い、各地の電力会社とガス会社では独自のポイントサービスを始めましたが、貯まったポイントの使い道は、家電製品や大手キャッシュレス事業者のポイントと交換するなどが通例でした。

そこで電力会社やガス会社に、地域ポイントとの交換によって地元にお金が流れることを説明し、四国電力の「よんでんポイント」と四国ガスの「ガポタ」を「めぐりんマイル」に交換してもらいたいと提案。各社とも「地域ポイントへの交換は地域貢献の1つの方法」と社会的責任（CSR）活動の一環として理解をいただき、各社のポイントとの交換サービスがスタートしました。

しかし、大手キャッシュレス事業者のポイントと交換するほうが利用者にとって利便性が高いことから、なかなか「めぐりんマイル」への交換が進みませんでした。そこで、「めぐりんマイルに交換した場合は20％のプレミアムを付ける」というキャンペーンを行い、少しでも地域へお金が流れるような工夫をしました。

地域ポイントが貯まることが健康づくりへの行動変容に

2018年ごろから、高松市民の健康づくりを促すインセンティブとして「めぐりんマイル（現・マイデジポイント）」を活用する本格的な取り組みが始まりました。最初に行ったのは、高松市特定健診「行ってんMy健診」にて、抽選で500名の受診者に「めぐりん1000マイル入りカー

第2章 地域通貨の立ち上げから普及に至るまで　133

ド」を進呈するという企画です。こちらは、40歳から74歳までの高松市国民健康保険の被保険者の方を対象に、受診率を向上させることを目的として実施されました。

「うどん県」として有名な香川県は、糖尿病による死亡率と、その患者数を示す受療率が高く、糖尿病ワースト県としても有名です。糖尿病の主な原因は肥満や食べ過ぎ、運動不足などといわれていますが、「香川県民の場合、うどんの過剰摂取、うどんとおにぎりなどの炭水化物の重ね食べ、早食いといった食習慣にも原因があるのでは」と医療関係者から指摘されています。

このような状況を改善するため、高松市とサイテックアイは2024年2月、健康経営に取り組む企業や団体への、地域通貨アプリ「マイデジ」を活用した健康経営プログラム支援に関する基本合意書を締結しました。市民の健康づくりの推進を図り、地域社会の持続可能な発展を目指すことを目的とした支援です。企業が「社員の健康」を経営課題として、積極的に改善を促すことができるよう、社員の健康増進の取り組みに地域通貨「マイデジポイント」を進呈することで福利厚生を充実させ、地域社会へ利益を還元する仕組みを提供しています。具体的には、1日20分以上のウォーキングや1日7時間以上の睡眠、禁煙への挑戦などに対してポイントを進呈するもので、ポイントの原資は企業が負担します。貯めたポイントは、香川県内の約500店の加盟店で1ポイント＝1円として使えます。

この健康経営プログラムは、いきなり健康に関する数値改善を図ることではなく、自身が取り組んだ健康づくりの記録を見える化することで、社員の行動変容を起こすことが狙いです。インセンティブとしてポイントを進呈することで、持続力も保ちやすくなっています。マイデジを活用して、まずは市民自らの健康づくり活動の見える化を図り、意識を変えることで健診の受診を促し、その地域の健康に関する数値改善につなげていくという流れをつくることで、将来の医療費高騰を抑制する一助

を担っていきたいと考えています。

「自治体マイナポイント」を地域通貨に交換

2017年以降、国によるマイナンバーカードを活用したポイント事業として、「自治体ポイント」「マイナポイント」「自治体マイナポイント」と3つの事業が実施されてきました。これらと「めぐりんマイル」との連携について、少々複雑ですが、経緯を記しておきたいと思います。

最初の大きな動きは、2017年9月に総務省が開始した「自治体ポイント」制度でした。マイナンバーカードを活用した利用者IDなどを格納する「マイキープラットフォーム」と、クレジットカードなどのポイントやマイレージを「地域経済応援ポイント」として各自治体のポイントに交換できる「自治体ポイント管理クラウド」という情報基盤を総務省が構築。各自治体が「自治体ポイント」を発行して、住民の公益的活動の支援と地域の消費拡大を促すという実証事業でした。

高松市は2018年にこの自治体ポイント制度を活用し、クレジットカード会社のポイントや航空会社のマイルなどを地域通貨に交換するサービスを実施しました。当時、各自治体でのポイントの交換先は商品券や特産品が大半でしたが、高松市では地域ポイントとして普及していた「めぐりんマイル」に交換する取り組みを行ったのです。

このサービスにより、高松市民はマイナンバーカードを作成すると、自分のクレジットカードのポイントや航空会社のマイルなどを「高松市ポイント」に交換できるようになります。その後、マイナンバーカードと「めぐりんWAONカード」のひも付けを行い、「高松市ポイント」を「めぐりんマイル」に交換するという流れです。この一連の作業を無人端末機で対応できるようにし、高松市役所の1階ロビーに設置しました。無人端末で「自治体ポイント」の交換手続きを可能にしたのは全国初の取り組みで、「めぐりん」の利用者が広がることを期待していました。

一方、2017～2018年当時は高松市のように地域ポイント事業を行っ

ていた自治体はほぼなかったため、各自治体でこの事業を実施しようと
すると、ポイントが利用できる地域の加盟店を募集しなければならなか
ったり、ポイントサービスの制度を一から構築する必要があったりした
ため、まともに運用できる自治体はほとんどなかったと記憶しています。
また、この事業の背景にはマイナンバーカードを普及させたいという国
の意向が強かったこともあり、広がらなかった「自治体ポイント」事業
はそのまま「マイナポイント」事業へとスライドしていきました。

　2020年9月に始まった「マイナポイント」事業は、マイナンバーカー
ドを使って専用サイトでマイナポイントの取得を申し込み、対象のキャ
ッシュレス決済サービスからいずれかを選ぶと、選んだキャッシュレス
決済のポイントを受け取れるという仕組みです。この事業は大手キャ
ッシュレス事業者のポイントと交換できるサービスとなっていたこともあ
り、地域独自のポイントへの交換とは異なり広く普及していき、それと
同時にマイナンバーカードの普及率も上がっていきました。総務省によ
ると、2024年6月時点のマイナンバーカードの保有枚数率は約74.0%と
なっており、ようやくマイナンバーカードを活用した事業が実施できる
レベルになってきています。

　「マイナポイント」事業の良かった点は、キャッシュレス化が一気に
進んだことです。特にQRコード決済の伸び率が非常に高かったことか
ら、我々が取り組んでいるデジタル地域通貨アプリのQRコード決済サ
ービスも、非常にスムーズに導入が進んでいます。QRコード決済のメ
リットは、利用者が自分で金額を入力して支払いまで行うため、店舗側
で端末機の準備や操作などを行う必要がなく、導入が容易であることで
す。ただ、決済データとマイナンバーカードの利用者IDを連携させた
利用状況の分析などが難しく、データを活用して街づくりを行う、いわ
ゆるデータドリブンの取り組みには現時点では向いていません。マイナ
ンバーカードの普及促進に効果はあったものの、一過性の消費喚起事業
になってしまったことが少しもったいないように思います。

ここで、先ほどの「自治体ポイント」の話に戻ります。「自治体ポイント」自体は実証事業だったこともあり一旦終了しましたが、2022年10月、全国の自治体が独自の給付金を発行できる「自治体マイナポイント」という形で新たにスタートしました。香川県では2022年12月から2カ月間、コロナ禍における県民の生活支援を目的に、マイナンバーカードを保有する県民全員に1人当たり5000円分の給付金を「自治体マイナポイント」として進呈しました。

　この「自治体マイナポイント」は、大手キャッシュレス事業者のポイントに交換できますが、サイテックアイが香川県内の複数の自治体に導入した地域通貨アプリのポイントにも交換可能です。各自治体の地域通貨は、フェリカポケットマーケティングの「よむすび」というプラットフォーム上で運用していたことから、ポイント交換の仕組みを一斉に実現することができました。

　それぞれの地域通貨にマイナンバー情報をひも付けることで、決済データを活用して今後の住民サービスの向上に資する取り組みを柔軟に構築できます。各地域通貨への交換実績も、大手キャッシュレス事業者のポイントへの交換実績と引けを取らないほどの金額に上り、決済データも取得できたことは大きな成果でした。

　自治体独自のQRコード決済の仕組みを導入し、「自治体マイナポイント」のような給付金を地域通貨で提供する取り組みは、住民の決済データを街づくりに活かせるという点でも、これからの自治体にとって有効な施策だと思います。

香川県内の自治体が続々とデジタル地域通貨を導入

　2024年度までに、サイテックアイが運営委託を受け香川県内でQRコード決済のアプリを導入した自治体は複数あります。そのなかで、現在もデジタル地域通貨事業として継続している事例や、特定の事業と連携

した取り組みをいくつか紹介していきます。

　まず、高松市では民間発でのちに自治体を巻き込む形となった地域ポイントサービス「めぐりん」の利用は、現在も進んでいますが、香川県内で自治体として初めてチャージ型の地域電子マネーを導入したのが2021年度の三豊市と琴平町で、続いて2022年度には、観音寺市が同様のサービスを導入しました。

　また、2022年度には高松市が「フリーアドレスシティたかまつ」というデータ連携基盤構築事業で国のデジタル田園都市国家構想交付金（TYPE3）に採択され、全国のロールモデルの1つとなる仕組みを構築しました。このデータ連携基盤は、購買情報を地域で共有・活用して行政支援や官民連携を行うための仕組みであり、「わたしのデジタル財布」というタイトルでリリースされました。高松市で使用されていた地域共通ポイント「めぐりんポイント」も、これをきっかけに2023年9月から「マイデジポイント」に名称変更し、高松市を中心に県全域で使える地域通貨アプリへと進化していきました。

　2023年度には、善通寺市が市制施行70周年記念事業として開催したデジタルアート集団「チームラボ」の展示イベントで、来場者に「マイデジ」アプリで1000円分のデジタルクーポンを発行しました。

　そして、2024年度は、東かがわ市と善通寺市、綾川町がデジタル地域通貨の事業をスタートすることになりました。そのうち東かがわ市と善通寺市の事業は、国のデジタル田園都市国家構想交付金（TYPE1）に採択されています。

　ここで、これまでに実施した香川県内の地域通貨事業の中から、三豊市と琴平町、そして高松市のデータ連携基盤構築事業について、詳しくご紹介します。

商品券をデジタルのみで発行した 三豊市の「Mito Pay」

　三豊市では、2021年度にプレミアム付きデジタル商品券「Mito Pay」

を発行し、住民向けと観光客向けの2つの券種にそれぞれ15％と20％の
プレミアムを付けて販売しました。プレミアム付き商品券は以前から全
国で発行されており、紙での運用が大半でしたが、ここ数年はアプリに
よるQRコードで発行する自治体が増えてきています。

　三豊市は、香川県内で初めてデジタルによる商品券の発行を実施し、
三豊市民対象の商品券だけでなく、市外からの観光客向けにも商品券を
発行し、観光誘客を図る予定でした。残念ながら新型コロナウイルス感
染拡大の影響で、観光客向けの商品券の発行は予定期間の途中で販売中
止となりましたが、市民向けの商品券は多くの予約申し込みがあり大変
好評だったことに加え、デジタルと紙では運用のしやすさに雲泥の差が
あることを実感しました。デジタルの強みは、まず、予約申し込みをア
プリから申請できるため、わざわざブースを設けて人海戦術で販売する
必要がなかったこと。さらに、予約申し込みはしても実際にチャージの
手続きをしなかった市民が一定数いたことから、数百万円分を再募集す
ることになったときも、管理画面上で一瞬にして残金を把握できたこと
です。再募集を決めた2日後に、アプリのプッシュ配信機能で利用者へ
再募集のお知らせができ、わずか3分足らずで数百万円分の商品券が売
り切れたことがとても印象に残っています。

　これまで紙の商品券で運用を行っていたときは、再販する際に残りの
紙の商品券を数え、改めてPRを行うためのチラシを作り、販売ブース
を設けて対応するなどアナログ作業が多かったために、再販までに1カ
月以上かかるのが通例でした。それがわずか2日で再販し、完売させる
ことができたのは、デジタルならではの強みだと痛感しました。

　また、当時急速に増えていたPayPayの加盟店は三豊市内に200店ほ
どありましたが、三豊市のデジタル商品券「Mito Pay」が利用できる加
盟店は、PayPay加盟店を大幅に上回り、300店舗を超えています。こ
れは、三豊市が地元の事業者に向けて説明会を開催し、市政のデジタル
化を進めようとしている熱意を伝えた上で理解を得て、運用開始後も丁

第2章 地域通貨の立ち上げから普及に至るまで　139

寧な対応をしていたことが、加盟店数の多さに結び付いていると思われます。デジタル商品券事業の終了後は、「Mito Pay」を現金チャージで利用するデジタル地域通貨へと進化させ、3年間で市民の約25%（4人に1人）がアプリをダウンロードするまでに普及し、加盟店数も増え続けています。

給付金の支給から始めた 琴平町の「KOTOCA」

2021年度にデジタル地域通貨「KOTOCA」を導入した琴平町は、約8600人の町民全員に5000円の給付をデジタルで行うという取り組みからスタートしました。老若男女を問わず全町民に支給しなければならなかったため、アプリだけでは対応しきれないということで、最初はQRコードを印刷したカードを全世帯へ配布。管理画面から一斉に5000円のデジタル給付金を配信するという方法を実施しました。

この5000円はコロナ禍での町内の消費喚起のための給付金でしたが、他にも町独自の給付金をデジタルで発行しています。例えば、チャイルドシート購入費補助金、ベビーカー購入費補助金、新生児子育て応援金、

琴平町ではQRコード入りカードと
アプリの併用でデジタル地域通貨を給付

運転免許証自主返納者のタクシー利用のための支援金、高齢者スマートフォン購入補助金、低所得者向けの物価等高騰重点支援給付金などを「KOTOCA」で発行しており、現時点では香川県内で最もデジタル給付金の種類が多い自治体と言えるでしょう。

　現在、QRコードを印刷したカードを中心に給付金を支給していますが、最終的にはアプリのみで支給できるよう、町民にはアプリへの移行を促しています。デジタルが苦手な層に合わせた施策を展開すると、どうしてもカードを発行することを余儀なくされていますが、アナログ的な業務が増えるため、時間もコストもかかります。住民を誰一人取り残さないためには、やむを得ないという事情がありつつも、デジタルデバイド問題をどのように解決していくかが今後の課題であり、さまざまな対策を思案中です。

　先ほどご紹介した三豊市のデジタル商品券のように、希望者のみに利用してもらえればよいという施策であれば、思い切ってデジタルへ振り切るということもできます。デジタルのみで実施できれば事業のための労力やコストは下がり、スピードは格段に上がりますが、一方でデジタルが苦手な人が恩恵を受けられないという課題が残ります。ここはあえて、現時点では実施する事業の順番が重要になってくるとだけ申し上げておきます。

　さまざまな行政の施策を完全にデジタルに振り切るまでには、もう少し時間がかかると思いますし、いつの時代も、行き過ぎると戻そうとする力が働きます。当面は行ったり来たりしながら、テレビの地上デジタル放送導入のときのように、既存のハードやサービスが強制的に終了するといったフェーズを迎え、気が付けば完全にデジタルになっていたという未来がいずれやって来るのではないかと思っています。

高松市で推進する、データを活用した街づくり

　高松市では、データ連携基盤を活用して未来の都市像「フリーアドレ

2022年度高松市デジタル田園都市国家構想の事業概要

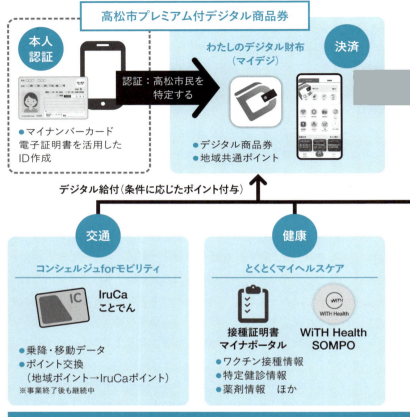

スシティたかまつ」を実現するという事業を進めています。これは、2022年度の国のデジタル田園都市国家構想交付金のうち、複数分野でのデータ連携基盤を構築する「TYPE3」の事業に採択されました。

この事業のなかで我々が取り組んだのは、個人に最適化された効果的な行政サービスを提供するためのパーソナルデータ基盤「わたしのデジ

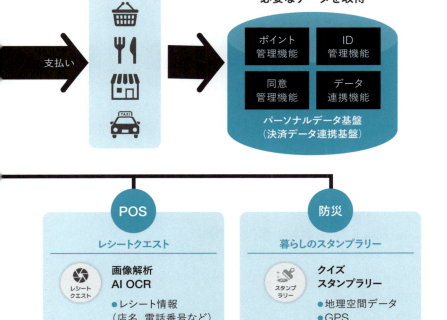

タル財布」を構築することです。人口減少と超高齢化により税収が減少する一方で、サービスの多様化によって行政コストが増加していることから、決済分野とその他複数の分野のデータ連携によって行政サービスの効率化と市民生活の質の向上を進めることが事業の大きな狙いです。

「わたしのデジタル財布」には、決済データを地域で共有して事業者

第2章 地域通貨の立ち上げから普及に至るまで | 143

のサービス向上につなげたり、給付金の支給をデジタル化したりする計画が盛り込まれています。基盤となるサービスアプリの名称は「My Digital Wallet（通称：マイデジ）」で、フェリカポケットマーケティングの「よむすびRSA」のプラットフォームを活用しています。この事業の実現のため、「地域共通決済プラットフォームを通じたデータ利活用に関する協定書」を2022年7月に高松市、フェリカポケットマーケティング、サイテックアイの3者間で締結。決済サービスを軸に、交通・健康・防災など他分野との連携も図り、データ連携基盤の構築を行いました。現在、サイテックアイが運営管理会社として継続的に事業を行い、ランニングコストなどの経費負担は一切行政に頼らず、自律自走させています。

〈「わたしのデジタル財布」の主な事業内容〉

1.「高松市プレミアム付デジタル商品券」

　メインの事業として、2022年度に総額8億円（販売総額7億円、プレミアム分1億円）の商品券をデジタルで発行する取り組みを行いました。券種は2種類発行し、1つは高松市民限定のプレミアム率20%の商品券を3億円分、もう1つは誰でも購入可能なプレミアム率10%の商品券を4億円分です。

　予約申し込みは「マイデジ」のアプリ上からできるようにしましたが、プレミアム率20%の商品券を購入する人が高松市民であるかどうかを判断するため、マイナンバーカードをスマホにかざすことで識別できる本人認証機能をアプリに搭載しました。ただし本人認証を行うには、専用のアプリを別途ダウンロードしてアカウントを登録する必要があるため、誰でも購入できる10%のほうが先に売れてしまうのではないかと販売前には予想していました。しかし結果は、操作が複雑な20%のほうが3日で売り切れ、10%のほうは完売するまでに約2週間かかりました。

　また、商品券の購入者の年齢層は40〜60代の女性がメインではあっ

マイナンバーカードで認証した市民に
プレミアム率を10%上乗せした
高松市のデジタル商品券

たものの、20代と70代とを比べると、70代の方のほうが多く購入していたのです。「デジタル上の手続きは高齢者には利用されず、若い人のほうが使ってくれる」といった先入観を抱きがちですが、むしろ年配の人のほうが時代の流れについていこうと利用に熱心な傾向があり、多少複雑な操作があったとしてもメリットがあれば十分利用してもらえるという結果が出たことが印象的でした。

　高松市に限らず、他の自治体でも同じような結果が出ており、デジタルデバイド対策のヒントにもつながると思います。今後、デジタルによる行政サービスの提供がなくてはならない時代が来ることは言うまでもありませんが、明確なメリットと適切なサポートを行うことで、高齢者にも十分理解してもらえるということが分かった事業でした。

2.「コンシェルジュforモビリティ」

　地方の公共交通機関は、朝と夕方のラッシュ時以外の時間帯（閑散時間帯）は、ほとんど人が乗っていないというのが実情です。この閑散時間帯に公共交通機関へと人流を誘導し、マイカー利用を減らすことによ

って交通事故を抑制し、二酸化炭素排出量の削減につなげていくために高松市が行った取り組みが「コンシェルジュ for モビリティ」事業です。具体的には、午前10時から午後4時の間に香川県のローカル公共交通ことでん（高松琴平電気鉄道）のICカード「IruCa」を使い、電車やバスに乗った人へポイントを進呈するという取り組みです。

　ここでは「IruCa」のサーバーに記録されている乗降者履歴と「マイデジ」アプリのサーバーを連携させることで、設定された時間帯に乗車した人へ「マイデジポイント」が進呈されるという仕組みを構築しました。また、貯まった「マイデジポイント」で「IruCa」の電子マネーがチャージされるポイント交換サービスも行いました。このサービスは参加者から好評だったこともあり、事業終了後も高松琴平電気鉄道とサイテックアイが直接契約を結び、「マイデジ」から「IruCa」へのポイント交換のサービスを継続して提供しています。

3.「レシートクエスト」

　「マイデジ」アプリの普及促進と利用者の購買データの取得のために行ったのが、「レシートクエスト」です。

　QRコードなどの決済サービスは、いつ、どこで、誰が、いくら利用したという履歴を確認することは可能ですが、「何を買ったか」を確認することができません。どんな商品を購入したかを把握するためには、決済サービスとレジとの連携、つまりPOS（販売時点情報管理）システムとの連携が必要となってきます。しかし実際には、各事業者がさまざまなメーカーのレジを導入しており、POSシステムとの連携を行うには莫大なコストがかかってしまいます。そこで、買い物後に発行されるレシート情報を、「マイデジ」アプリ内のカメラで写して、利用者にその画像を送信してもらうことで、購買データを取得する取り組みを行いました。

　「レシートクエスト」の実施期間中、当日の日付入りのレシート画像

を送信した人に（1日3枚まで）、1枚につき10ポイントを「マイデジ」に付与するというインセンティブを付けたところ、4カ月間で約30万枚のレシート画像が集まりました。香川県内の大手流通事業者の店舗から商店街の個人商店、郊外の飲食店まで、さまざまなサービス事業者のレシート情報が集まり、取得できた商品データは100万点以上に上りました。

現在、官民連携の「スマートシティたかまつ推進協議会」の「データ利活用による決済DXワーキンググループ」で、このレシートデータを分析し、活用方法を検討しています。購買データと行政が公表している統計情報などを組み合わせることで、潜在的な需要を把握し、関連の課題を抽出するほか、市民のニーズに合った商品やサービスの展開につなげるスキームの構築を目指しています。

具体的には、事業者が購買データを分析し、顧客が過去に購入した商品や関心を示したカテゴリーなどの情報を活用して、顧客に最適な商品をおすすめできる仕組みを構築することを検討しています。また、購買データとアプリに記録された運動などのデータも連携させ、顧客一人ひとりの属性や嗜好に合わせた商品の提案ができるような仕組みづくりを目指しています。

地域の課題解決をデジタルの力でサポートしたい

最後に、この本を読んでいる方への個人的なメッセージをお伝えしたいと思います。サイテックアイ株式会社の経営理念は「ふるさとの愛とありがとうをかたちにする」です。デジタル地域通貨事業を通じて新しい経済循環の形をつくり、地域産業を活性化させ、行政や民間サービスの垣根を越えた地域DX（デジタルトランスフォーメーション）を推進することによって、住民の豊かな時間の創出のために貢献することをミッションとして、香川県を拠点に長年さまざまな民間事業者や自治体と共に力を尽くしてきました。

そんななかで、地域通貨事業を何のために始めるのかという理念がな

第2章 地域通貨の立ち上げから普及に至るまで　147

いままシステムだけが導入され、「地域通貨を導入する」という手段が目的化してしまい、予算が切れると事業が継続できなくなるという自治体をしばしば見かけます。デジタル地域通貨はあくまで道具であり、決済インフラを整備することは手段です。

　まずは、自分たちの地域にどんな課題があり、それを解決するためにはどのような仕組みや道具が必要かをしっかりと見極めた上で、システムの導入を行うことが重要です。そのために我々が行っているのが、「ふるさとDXプロデュース」です。

　ふるさとDXとはデジタルの力で地域課題を解決することであり、それをプロデュースすること、つまり地域が目指すビジョンを見つけることも大切であると考えています。また、課題解決をする際に真面目で堅苦しい考え方や方法だけで進めようとせず、幸せな将来の姿を想像し、エンタメ的な要素を取り入れて楽しみながら事業を行っていくことが必要だと思います。

　そして、地域通貨はコミュニティと地域経済の活性化に寄与するといわれていますが、まずは地域のDX、つまりデジタル技術を活用して地域をトランスフォーメーション（変革）させることが重要です。住民の意識を変革して人と人との信頼関係をつくることでコミュニティを活性化させ、信用によって地域内で循環する「地域通貨」でお金の流れを変革することで、地域経済を活性化させることができるのではないかと思います。この「住民の意識」と「お金の流れ」を変革し、2つの活性化を図ることで、地域住民の心身の幸せ（ウェルビーイング）が実現されることを信じて、この国の明るい未来に寄り添っていきたいと思います。

第**3**章

地域通貨の
導入現場から

Contents

Case 1	埼玉県さいたま市 地域通貨 給付金	151
Case 2	神奈川県平塚市 地域通貨 プレミアム付き商品券	156
Case 3	大阪府豊中市 地域通貨 プレミアム付き商品券	162
Case 4	兵庫県加西市 地域通貨 健康ポイント	168
Case 5	宮崎県延岡市 地域通貨 健康ポイント エコポイント	174
Case 6	佐賀県 健康ポイント	180
Case 7	北海道苫小牧市 地域通貨 健康ポイント	186
Case 8	岩手県盛岡市 地域通貨 プレミアム付き商品券	188
Case 9	富山県魚津市 地域通貨 プレミアム付き商品券 給付金	190
Case 10	香川県三豊市 地域通貨 プレミアム付き商品券	192
Case 11	広島広域都市圏 地域通貨	194
Case 12	東京都大田区 プレミアム付き商品券	196
Case 13	兵庫県 プレミアム付き商品券	198
Case 14	神奈川県川崎市 健康ポイント	200
Case 15	兵庫県三田市 健康ポイント	202
Case 16	栃木県那須塩原市 エコポイント	204
Case 17	九州7県 エコポイント	206

Case 1	埼玉県さいたま市 「さいたま市みんなのアプリ」	地域通貨
		給付金

政令指定都市で初めてデジタル地域通貨を導入。
地域商社「つなぐ」と連携して持続可能な都市を目指す

　埼玉県さいたま市では2024年7月末から、デジタル地域通貨機能を搭載した市民アプリ「さいたま市みんなのアプリ」の運用をスタートしました。政令指定都市でデジタル地域通貨を導入するのは全国初です。また、アプリの運営は、さいたま商工会議所など地元の経済団体、金融機関、企業などとさいたま市が出資して設立した、さいたまの地域商社「株式会社つなぐ」が行います。

　「今回、新たに地域商社を立ち上げたのは、民間主体の運営とすることで、迅速性や柔軟性を確保するとともに、市側の担当者や責任者の異動があったとしても、一貫した事業方針を維持するという狙いがあったからです。『市民アプリを通じて地域にお金が回る決済の仕組みづくりや、行政サービスのDX化を進めていく』という、行政からの市民や民間事業者に対する約束を継続していくためにも、アプリに関わる各ステークホルダーが参加する形で地域商社を設立することにしました」（さいたま市地域活性化推進室室長の有山信之さん、以下同）

　この地域商社「株式会社つなぐ」は営利だけを目的とせず、行政では対応が難しい地域課題を解決していく推進母体となります。市民アプリを通じて、行政サービスの提供や、デジタル地域通貨「さいコイン」「たまポン」の運営、収益を目的とした広告事業など、さまざまな事業を担うことで、地域の商社として社会的価値と経済的価値を両立させながら提供していきます。

第3章 地域通貨の導入現場から　151

市民アプリの核となるデジタル地域通貨の導入の背景には、市外にお金が流出しているという課題がありました。また、さいたま市は都内への通勤・通学者が多いベッドタウンで、平日の外食や休日の買い物などの出費がどうしても都内へ流れやすく、経済産業省のデータによると民間消費の市外への流出額（推計）は年間1000億円以上に上ります。加えて、市内の店舗がクレジットカード会社に支払っている決済手数料は年間300億円以上と推定されます。「人口は県内最多でありながら、地域経済が伸び悩んでいる現状があるので、地域通貨の導入が、流出しているお金を市内に取り戻す切り札になることを期待しています」。

　さらに近年の課題として認識されているのが、地域コミュニティの希薄化です。「さいたま市は市外からの移住者が多く、今も人口が増加している都市ではありますが、マンションなどの集合住宅が増えていることで、近隣同士の交流機会が減少しています。災害など困った時のための備えとして自助・共助・公助という3つの役割がよく挙げられますが、今は共助の部分が薄れていて、公助、つまり行政への負担が大きくなってきています。災害時に限らず、地域コミュニティは大変重要と考えており、市民アプリを通じて『地域コミュニティ＝共助』を活性化することも実現したい目的の1つです」。

「年間を通して3％還元」の地域通貨に

　デジタル地域通貨を多くの市民などに利用してもらうため、初回利用時には2000円相当のポイント付与を行うほか、2024年度は年間を通じて「チャージ額の3％のポイント還元」を行うことにしています。「民間のキャッシュレス決済でも他の地域通貨でも期間限定のポイントアップキャンペーンなどがよく行われていますが、その期間に消費が伸びてもキャンペーンが終わると冷え込むといった消費動向が見受けられます。また、働きながら子育てをしているような忙しい方々にとって、お得な期間をチェックして計画的にチャージや買い物をするのは負担になると

「さいたま市みんなのアプリ」のイメージ図

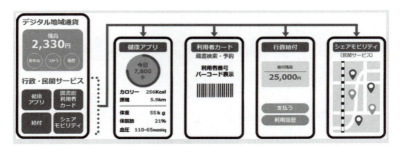

いう考えもあり、期間限定のポイントアップキャンペーンを行うよりも年間を通じて生活を支援していくほうがよいと考えています」。

一般的に、消費者がキャッシュレス決済を使う際、店舗が決済事業者に支払う決済手数料は標準3％台、低くても2％前後といわれています。さいたま市のデジタル地域通貨の決済手数料は1.8％（税抜）と、基本プランとしては市内のキャッシュレス決済手数料率で最も低く設定されており、店舗側の手数料負担も抑えられます。

「このように利用者と加盟店の双方が経済合理性からも地域通貨を選択していただけるようにしています。多くの市民と店舗にご利用いただくことで、これまで市域外に流れていた決済手数料がさいたまの地域商社『株式会社つなぐ』に流れていくことになれば、地域のお金は市外へ流出することなく、さいたま市民や加盟店のためのお金として循環されていきます。利用地域・用途・期間などを限定できるデジタル地域通貨として流通させることで、お金に意味を持たせ、想いをのせていきたいと考えています」

行政からの給付やポイントも地域通貨に集約

この「さいたま市みんなのアプリ」の特徴の1つに、行政からの給付金や奨励金、ポイントをできる限り地域通貨で付与しようとしている点が

あります。「例えば、市からの補助金や、ポイントなどの付与先をデジタル地域通貨に集約していきたいと考えています。基本的には現金との選択制になりますが、デジタル地域通貨で受け取る場合にはインセンティブが付く形にして、利用を促していきます」。こうした形で地域通貨の流通量が増えることは市内での消費につながるので、加盟店にとっての大きなメリットになります。

さいたま市のデジタル地域通貨は、電子マネーの「さいコイン」と、「さいコイン」のチャージなどでもらえるポイント「たまポン」の2階建てになっています。「『さいコイン』はすべての加盟店で利用できますが、『たまポン』の利用は原則、加盟店のうち地元の中小店に限定することで、地元の店舗での地域通貨の利用を促進していきます。2024年度末には加盟店数5000店舗、利用者数20万人を目標にしていますが、そのためにも、さいたま市に関わる皆さんにとって、なくてはならないアプリにしていきたいと考えております」。

デジタル化で行政サービスの効率化、コストの削減を図る

さいたま市では、このアプリが市民が使いたくなるツールとなるよう、あらゆる行政サービスをアプリに集約させていきます。「その1つが市立図書館の利用者カードの機能で、スマホ1つで本が借りられるようになります。図書館の利用者カードのアクティブユーザーは約20万人いるので、アプリのダウンロードを促す大きな動機になると見込んでいます。その他、アプリで医療機関の診療時間や保有設備、対応可能な疾患などを調べたり、ごみの収集情報を確認したりすることも可能です。関心のある分野を選択して行政からのお知らせを受け取る機能が搭載されていますので、情報過多になることも少ないと思います」。

また、行政サービスだけでなく民間が行うサービスの機能も市民アプリに備えていく予定で、例えば電動アシスト付き自転車やスクーター、超小型EVのチケットの購入などもできるようになります。

この「さいたま市みんなのアプリ」の導入の背景には、EBPM（証拠に基づく政策立案）を進めていくという目的もあります。日常的な購買行動や健康習慣、図書館の利用記録など、市民の属性や行動のデータを幅広く集めて分析することで、より市民の実情やニーズに合った行政サービスを立案していくことや、地域の事業者に向けてマーケティングにつながるような情報を提供できる可能性があります。

「『さいたま市みんなのアプリ』に対する市長の本気度は高く、参画する民間事業者に対しても、アプリ事業の意義や目指していることを自ら説明しています。さらに、庁内には各部門を横串で通したデジタル地域通貨推進本部という組織を設けており、局長クラスが参加して、全庁でアイデアを出し合いながら市民アプリ事業に取り組んでいます」

市では「さいたま市が住みやすい」と感じる人の割合を示す市民満足度を90％以上にすることを目指す「さいたま市CS90＋運動」を進めています。「住みやすい」「どちらかと言えば住みやすい」と感じる市民は2007年度に74%でしたが、2023年度は86.6％にまで上がっています。

「このアプリ事業を通じて市民満足度をさらに高めていくことが1つの目標です。そのためにも、さいたまの地域商社『株式会社つなぐ』と市が『民間主導・行政支援』という本当の意味での公民連携を進めていくことで、地域経済の活性化はもとより、行政のDX化や、進展するデジタル社会における市民格差の是正、キャッシュレス化による店舗の負担軽減、地域コミュニティの再構築といった地方公共団体が抱える現代の地域課題の解決につなげていきたいと思います。全国的に行政の財政状況は苦しく、深刻な状況であると言えます。次世代を担う子どもたちに負担を先送りしないためにも、デジタル地域通貨を軸にした市民アプリの運用をさいたま市で成功させて、全国の自治体にノウハウを展開していきたいと考えています」

▎DATA

さいたま市みんなのアプリ

事業開始年月 2024年7月
さいたま市人口 約134.9万人

※数字はいずれも2024年6月時点

| Case 2 | 神奈川県平塚市「ひらつか☆スターライト」 | 地域通貨 プレミアム付き商品券 |

プレミアム付き商品券から還元型の「マネー」に移行。
ふるさと納税の返礼品「マーレ」も含め、財布機能を3つに

　神奈川県平塚市の「ひらつか☆スターライト」アプリは、2020年10月にプレミアム付きデジタル商品券としてスタートしたのち、「マネー」の機能を加えて、現在は市民の3分の1近くに上る約8万人が使うアプリに成長しています。コロナ禍での地域経済活性化のための国の交付金を利用して、多くの自治体はプレミアム付き商品券をデジタルと紙の両方で発行しましたが、平塚市はデジタルのアプリのみで発行したことが話題となりました。「感染予防のための非接触型の決済が可能、店からのお知らせを非対面で市民に送付できる、利用データを蓄積できるなど、アプリのみで商品券を発行するメリットは大きいと感じました。フェリカポケットマーケティングが当時開発したばかりの『よむすび』というアプリのプラットフォームでそうした機能が実現可能だったことから、アプリのみのプレミアム付き商品券として、ひらつか☆スターライトポイントをリリースしました」（本アプリの導入に携わった元平塚市産業振興課の堂谷拓さん、平塚市産業振興課の岡島清久さん、以下同）。

ふるさと納税の返礼品を市内で使えるポイントに

　スタート時の商品券は市民限定として受付を開始し、後日、市民以外にも対象を拡大しました。プレミアム率30％（1万3000円分のポイントを1万円で販売）、購入上限額を3万円としたため、1人当たり最大9000円分のお得を得られるとあって申し込みが殺到。後から情報を知った市

民にまで商品券が行き渡らなかったので、その経験を踏まえ、2年目の2021年7月の商品券販売時は複数の点を見直しました。まずは、より多くの人に行き渡るように、プレミアム率を20％（6000円分を5000円で販売、購入上限額を2万円とし、1人当たりのお得額は最大4000円）に設定。前年度に引き続き、申し込みができる人は市民に限定し、市外の人向けにはふるさと納税の返礼品として「ひらつか☆スターライトマーレ」というポイントを新たに設けました。市外在住者が平塚市にふるさと納税で寄付をすると、寄付額の30％分を「マーレ」というポイントで得ることができ、「ひらつか☆スターライト」アプリを使って平塚市内のマーレ取扱店で利用できるという仕組みです。

　さらに、電子マネー類似機能として「ひらつか☆スターライトマネー」も追加。1つのアプリ内でポイント、マネー、マーレの「3つのお財布」を管理できるようにしました（現在はマネー、マーレの2つのみ）。

「ひらつか☆スターライト」アプリ

ポイント還元キャンペーンでチャージ型の「マネー」の利用を促す

　3年目の2022年度は、6月にプレミアム率20％のデジタル商品券「ひらつか☆スターライトポイント」を販売し、7月からは利用に対する還元型の「ひらつか☆スターライトマネー」で利用額の3％分のポイント還元をスタート。その後は市民限定でスターライトマネー利用時の還元率を20％や10％にするキャンペーンを定期的に行う形で、マネーの利用促進に力を入れました。「プレミアム付き商品券でアプリのユーザーや加盟店を増やすことができたので、次の段階としてスターライトを日常的に使う決済ツールとして移行させるため、還元型のマネーの利用を促した形です」。

　マネーの還元率アップのキャンペーンを始めた当初は、「購入時にプレミアム分のポイントがもらえていたプレミアム付き商品券」と「現金チャージ時ではなく、決済で使った額に対して後からポイントが還元されるマネー」の違いが分からないと混乱を招くケースもあったものの、現在では「後からポイント還元」の仕組みが利用者に浸透。「還元率10％、20％のキャンペーン時の市民の反応は大きいですが、アプリの利用が浸透し、還元率3％の通常時でも日常的に利用する市民が増えてきました」。

出産・子育て応援金を「ひらつか☆スターライトマネー」で交付

　市民への交付金の支給でも「ひらつか☆スターライトマネー」を活用しています。2022年12月、妊娠中や出産直後の市民延べ2400人に、国の交付金を活用した「出産・子育て応援ギフト」として5万円を交付することとなった際、受給方法は「現金」か「スターライトマネー」のどちらかを選べるようにしました。「スターライトマネー」を選択した市民には、5％を上乗せし5万2500円分のマネーを付与するというインセンティブを設定。さらにマネーで買い物すれば、現金の支払いでは得られな

い3％のポイント還元が得られることもあり、対象者の約4割がマネーでの受給を選択しました。

「子育て世代はスターライトアプリの利用率が高く、応援金をスターライトマネーで支給することで市内での消費につながるため、出産・子育て応援金を管轄する健康課と共同で取り組みました。自治体独自のスマホアプリを活用した交付金の支給やインセンティブの付与は、神奈川県内で初の事例として注目されたほか、厚生労働省が公表している『出産・子育て応援交付金事業の事例集（第1版）』でも紹介されています」

加盟店数の規模を維持するためのインセンティブも

スタート当初の高いプレミアム付きの商品券施策によって、「ひらつか☆スターライト」アプリが使える加盟店を1000店にまで拡大できました。商品券から還元型のマネーの利用促進へと施策をシフトさせたのは、日常的にスターライトで買い物をする市民を増やすことで加盟店数の規模を維持する必要があったためです。加盟店のうち、現金をマネーにチャージできる店舗は約140店あります（2024年5月時点）。チャージされた金額に応じて市から店舗へ支払われる、一定額のインセンティブを活用して各店舗独自のクーポンを発行できること、またチャージを希望する利用客とコミュニケーションが生まれやすくなることから、店舗側としても「チャージ店」として登録するメリットがあります。加盟店がアプリ上でクーポンを発行する方法の説明会なども、商工会議所の協力を得て開催しており、「ひらつか☆スターライト」アプリを活用して売上増につなげてもらうための情報提供を積極的に行っています。

「地域共創ポイント」で民間の資金を活用していく

これまで「ひらつか☆スターライト」事業の原資は、コロナ対応のための国の地方創生臨時交付金でしたが、この予算は臨時的なものであるため、2024年度からは交付金に頼らない持続可能な運営を目指してい

 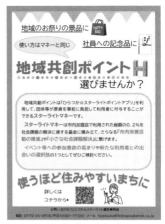

「ひらつか☆スターライトマネー」の利用金額の一部が街づくりに使われることを告知

民間が原資を負担する「地域共創ポイント」の案内

ます。それに伴い、2024年4月以降は、マネーでの決済による還元率を3％から1％に下げることになり、還元率アップキャンペーンの規模などについても慎重な検討が必要となりました。

　これを機に平塚市では、2024年度から「ひらつか☆スターライトマネー」を市内での消費活動だけでなく、地域でのコミュニティ形成や社会貢献のためのツールとして活用の幅を広げています。具体的には、市内の加盟店で利用された「ひらつか☆スターライトマネー」の総額の0.2％を市の社会課題解決のための基金として積み立て、「スターライトマネーが使用されるほどに住みやすい街へと変わっていく」という認知を市民に広げています。

　また、民間資金を活用する「地域共創ポイント」という施策も2024年度から始めました。平塚市内の民間事業者が原資を負担して、顧客向けの特典や、社員の福利厚生などに「ひらつか☆スターライトマネー」を付与できるという仕組みです。民間事業者も資金を負担してスターライトの事業に参加することで、地域経済やコミュニティの活性化に寄与すると同時に、市民に広く使われているアプリで特典を提供できるため、

民間事業者側にもメリットがあるという理解を促進していきます。

持続可能な制度を模索していく

「地域通貨というのは、『通貨』である以上、継続的かつ安定的に利用されているものであると捉えておりますので、スターライトマネーは、まだ地域通貨と呼べるようなものになってないという認識です。まずは、国の交付金がない中で、今後もこのアプリの利用を継続していけるか、さまざまなアイデアを出しながら検討していく必要があると考えています。アイデアとしては、例えば、近年盛り上がっている推し活、つまり応援消費の対象としてもらうことが、ひらつか☆スターライト事業の発展につながるかもしれません。また、産業振興課らしく、産業分野からのさらなる盛り上げも模索しなければならないと考えています」と岡島さん。平塚市は、レジャー客に人気の海を有し、湘南ひらつか七夕まつりには毎年多くの観光客が訪れ、サッカークラブ「湘南ベルマーレ」のホームタウンでもあります。また、東京大学生産技術研究所などが実施している波力発電などの研究開発への、企業版ふるさと納税（国が認定した地方公共団体の地方創生事業に対して企業が寄付をすると、最大で寄付額の9割の法人関係税が軽減される仕組み）をはじめとする外部資金を活用した支援でも注目されています。

平塚市では、シティプロモーション指針の1つとして掲げている「シビックプライド（地域への愛着・誇り）の醸成」にもつながる形で、市民や民間事業者を巻き込みながら「ひらつか☆スターライト」アプリの活用法を引き続き模索しています。

> **▎DATA**
>
> ### ひらつか☆スターライト
>
> **事業開始年月**　2020年10月
> **加盟店数**　　　約770店
> **平塚市人口**　　約25.8万人
> **アクティブユーザー数**　約7.7万人
> **発行総額**
> 　　2021年　約10.5億円
> 　　2022年　約28.8億円
> 　　2023年　約36.9億円
> ※数字はいずれも2024年6月時点

Case	大阪府豊中市	地域通貨
3	「マチカネポイント」	プレミアム付き商品券

省エネ家電購入や子育て世帯にポイントを付与。「地域ポイント」としての活用をさらに広げていく

　大阪府豊中市では2022年10月、地域通貨機能を備えた「マチカネポイント」アプリをリリースしました。豊中市は大阪市に隣接するベッドタウンで、消費の多くが市外へ流出していたことから、市内の加盟店のみで使える地域通貨によって域内の消費喚起とキャッシュレス化を図ることを目的にしています。アプリで管理できるのは、現金などでチャージするポイント、プレミアム付きデジタル商品券、市のイベントへの参加などでもらえるポイントの3種類。ポイントは市内の加盟店での買い物に1ポイント＝1円で利用でき、商品券と併用して決済することも可能です。「市内事業者の支援を目的としながら、市民の皆さまに市政や地域づくりへの参加意識を高めてもらうための地域通貨アプリです。市の公式キャラクターであるマチカネくん（豊中市で発見された全長約7ｍのマチカネワニの化石が名前の由来）をモチーフにして、市民の皆さまに愛着を持ってもらえるアプリを目指しています」（豊中市産業振興課の結城拓也さん、以下同）。

省エネ家電の購入や豊中エコショップの利用でポイントを付与

　2022年10月のアプリのリリース時には、40％という高いプレミアム付きのデジタル商品券事業を「マチカネポイント」アプリで実施しました。7000円分の商品券を5000円で販売し、1人当たり4口（2万円分）まで購入可能としたので、最大8000円分のプレミアムが付くというお得

「マチカネポイント」アプリ（チャージしたポイント、プレミアム付き商品券、行政からのポイントなどを併用して決済可能）

感もあり、アプリのダウンロード数を一気に伸ばすことができました。

　環境関連の施策でもアプリを有効活用しています。市では「2050年までに二酸化炭素の排出量を実質ゼロにする」という目標を掲げており、市内店舗で省エネ性能に優れた家電製品（「統一省エネラベル」が星3つ以上かつ新品の冷蔵庫・テレビ・エアコン）を購入した市在住者に、購入額の2割分の「マチカネポイント」を付与する取り組みを、2023年7月末から実施（予算上限に達し次第終了）。家電は1世帯当たり2台までで、1台当たりの上限5万円、最大10万円分のポイントが得られるというものでした。国の交付金を活用したキャンペーンでしたが、この施策も反響が大きく、アプリの利用者数を大きく伸ばしました。

　「環境に配慮した店舗で買い物をする」という意識の醸成にも、アプリを活用しています。2022年12月から翌年3月まで、市が認定する「豊中エコショップ」を利用した人に、決済方法によらず、飲食店では支払

第3章　地域通貨の導入現場から　163

い額の3％、それ以外の店では1％の「マチカネポイント」を付与するというポイント還元事業を実施。2023年6月には1カ月間限定で、豊中エコショップのうち飲食店・小売店で支払い額の5％、量販店で1％と、前回よりもポイント付与率をアップした還元事業を実施しました。その後は、豊中エコショップを巡った店舗数に応じてポイントを付与するポイントラリーを行っています。豊中エコショップとは、ごみの発生抑制や資源物の再使用などの項目で一定基準を上回っていると市が認定した店舗で、市内に約200店舗あります。このように市内での消費喚起だけでなく、事業者や市民の環境意識を促す形で活用している点は、「マチカネポイント」アプリの特徴の1つです。

プレミアム付き商品券事業で子育て世帯に3000円分を追加

豊中市では「子育てしやすさNO.1」を目指し、「こども政策の充実・強化」を重点政策に位置付けていることから、子育て世帯への支援を強化する施策も「マチカネポイント」アプリで実現しています。2024年2月に実施したプレミアム付き商品券事業では、プレミアム率40％として7000円分の商品券を5000円で販売（1人当たりの購入上限は3口まで）しましたが、子育て世帯の購入者に対してはさらに「子育て応援ポイント」を追加する取り組みを実施。18歳以下の子どもを持つ世帯を対象に、子ども1人当たり3000円分の「マチカネポイント」を付与しました。

「物価高騰の中で特に家計負担の大きい子育て世帯への支援をしつつ、市内での消費喚起によって市内事業者を支援するという、両方の狙いを組み合わせた形で事業を実施しました。子育て世帯の人たちには喜んでいただけているようです」

「地域ポイント」として庁内の各課がイベント集客に活用

豊中市では地域通貨事業において、市が実施するイベントなどへの参加者にポイントを付与することにも力を入れています。市政への参加意

欲の向上を図ることが狙いです。「マチカネポイント」アプリでは「行政からのお知らせ」として、まちづくりのワークショップ、人権啓発の講演会、消費生活セミナー、防災訓練など、さまざまなイベント情報が各担当課から配信されており、参加者には「マチカネポイント」が付与されます。

「これまでは参加しにくかったようなイベントでも、ポイントがもらえるなら行ってみようかなという動機になるようで、一度参加するとその後も継続していろいろなイベントに参加する市民の方が多いようです。参加者の年齢層は幅広く、外出するきっかけになったという声も寄せられていて、市民の方の行動の幅を広げたり、コミュニティに参加したりする機会にもなっているようです」

企業からの「マチカネポイント」付与で民間の力も借りる

地域通貨事業ではポイントの原資の確保が大きな課題となりますが、その活路として、民間の力を借りる取り組みも行っています。2023年5月から始めたのが、民間企業からもマチカネポイントを付与できる仕組みです。これまでに、市内の自動車販売会社や商店街組合、スポーツスクールなどが、イベントへの参加特典や抽選の景品として「マチカネポイント」を顧客サービスに活用しました。「企業側はシステムの利用コストを払う

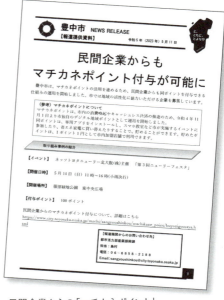

民間企業からの「マチカネポイント」付与に関するニュースリリース

必要がなく、ポイントの原資の負担のみでキャンペーンや販促に『マチカネポイント』を使うことができます。アプリユーザーに向けてイベントの告知もできるので企業のメリットは大きいと思いますが、現段階ではまだ利用実績が限られているので、もっと多くの企業に利用してもらえるように工夫していきたいと考えています」。

デジタルクーポンの配信機能で加盟店のメリットも強化

2024年2月には、「マチカネポイント」アプリの加盟店がデジタルクーポンを配信できる機能をアプリに追加しました。デジタルクーポンとは各加盟店が独自に割引や1品無料といったクーポンをつくり、無料でアプリユーザーに配信できるものです。利用者が「マチカネポイント」で支払わなくても使えるクーポンなので、ポイントを所持していないアプリユーザーにも来店のきっかけをつくることができます。「約12万人いるアプリユーザーに無料で配信できるので、広告効果はかなり大きく、大手企業のキャッシュレス決済のプラットフォームにはないメリットです。店舗側が効果を実感してくれれば、加盟店数もさらに伸ばせると思いますし、市内での消費喚起につながると考えています」。

プレミアム商品券事業終了後の継続性が課題に

2022年10月のリリース時に40％のプレミアム付き商品券事業でユーザー数を大きく伸ばした後、2023年7月にチャージ機能を開始しました。チャージ額に対する5％のポイントを付与（1人当たりのチャージ上限5万円、ポイントは最大2500円分）するという年度末までのキャンペーンを実施しましたが、プレミアム付き商品券の時に比べると利用は伸び悩みました。その後、2024年2月に40％のプレミアム付き商品券を販売して再び利用が増加しましたが、多くのキャッシュレス決済サービスが普及する中で、地域独自の事業をどう継続するかが課題となっています。

「今後もアプリを継続して使ってもらうためには、事業の創意工夫が

必要になってきます。ポイント還元のお得度だけで見れば、大手のキャッシュレス決済にはかないません。『豊中市内でしか使えないキャッシュレスサービス』ではなく、『豊中市を良くするために市民として積極的に使っていきたい地域通貨』と認識してもらえるよう、庁内のいろいろな部局と共に知恵を絞っていきたいと考えています」

▌DATA

▌マチカネポイント

事業開始年月 2022年10月
加盟店数 1486店
豊中市人口 約39.9万人
アクティブユーザー数
約8万人（ダウンロード数約12万人）
発行総額（商品券計）
　　　2022年 約19.4億円
　　　2023年 約16.8億円

※数字はいずれも2024年6月時点

Case 4　兵庫県加西市
「加西市ねっぴ〜Pay」
「加西・多可健幸アプリ」

地域通貨　健康ポイント

地域通貨を軸に健康アプリや公式LINEと連携。行政ポイントも活用して市政のデジタル化を進める

　兵庫県加西市は、2022年9月にデジタル地域通貨「加西市ねっぴ〜Pay」アプリの運用をスタートしました。開始と同時に、先行して運用していた「加西・多可健幸アプリ」（2019年6月に運用を開始し、2020年6月から隣接する多可町も参入）と連携。加西市民はウォーキングなどで貯めた「健幸アプリ」の運動ポイントを「ねっぴ〜Payポイント」に交換して、1ポイント＝1円で市内の加盟店で使えるようになりました。「ねっぴ〜Pay」の名称とデザインのモチーフにしている「ねっぴ〜」は、地域に伝わる悲恋の物語「根日女伝承」から生まれた加西市のご当地キャラクターです。

　地域通貨の導入には、「市外への消費の流出を防ぎたい」という大きな命題がありました。「それまでにも交付金を活用した景気刺激策として、大手キャッシュレス事業者のQRコード決済で『加西市内の対象店舗で支払うと最大20％還元』とい

「加西市ねっぴ〜Pay」

ったキャンペーンを5回実施してきました。次に、還元されたポイントをいかに市内で循環させるかという課題が出てきたのです。そこで、地域の景気刺激策として投じたお金がきちんと地域で循環するよう、市内の店舗のみで使えるデジタル地域通貨の運用に踏み切りました」(加西市産業課の末金功さん、以下同)。

　一方で、「加西・多可健幸アプリ」はすでに多くの加西市民が利用していたことから、貯めたポイントを地域通貨に換えられるようにすることで健康習慣へのモチベーションが高まり、市内での消費にもつながることを見込んで、「ねっぴ〜Pay」との連携をスタートさせました。

「加西・多可健幸アプリ」

歩いて貯めたポイントが年間560万円分の地域通貨に

　「健幸アプリ」の運動ポイント事業では、スマホを持って歩いた歩数に応じて1日最大9ポイント(8000歩以上)をもらえるほか、特定健診や人間ドックなどの結果の提出で300ポイント、スポーツクラブへの入会で500ポイント、指定された名所へのチェックインで50ポイントなど、さまざまな健康関連の取り組みへの参加で運動ポイントが得られます。月間の合計歩数を個人や地域別、グループ別に競えるランキングなど、歩くモチベーションを刺激する機能も備わっており、「ねっぴ〜Pay」との連携でさらに健康習慣へのインセンティブが高まるアプリとなっています。

「『健幸アプリ』で貯めた運動ポイントを地域通貨に交換できるようになってから、『ポイントを貯めるのが歩数を増やすモチベーションになっている』という市民からの声が多く寄せられています」。連携を開始した2022年度の「健幸アプリ」から「ねっぴ〜Pay」へのポイント交換の実績は約2700件、合計約560万ポイントに上り、市民の健康習慣が市内での消費喚起にもつながっていることがうかがえます。

キャンペーンのない時期の利用促進が課題

「ねっぴ〜Pay」の利用促進に当たっては、「3万円のチャージで5000円分のポイント還元」などチャージ額に対するポイント還元キャンペーンや、決済額に対する10〜30％のキャッシュバックキャンペーンを、2022〜2023年度に9回実施。その成果もあり、2022年度は約5億円分、2023年度は約4.7億円分の「ねっぴ〜Pay」が利用されました。

「現在、アプリのユーザー数は約1.4万人で、人口約4.2万人の加西市民の約3分の1が利用していることになるため、普及率は高いと言えます。ただ、利用はどうしてもお得なキャンペーンの時に集中し、通常時は利用が伸び悩んでしまうので、キャンペーンがなくても普段の買い物で使ってもらえるようになることが課題です」

加盟店に対しては、もともと加西市で景気刺激策として実施していた大手事業者のQRコード決済よりも手数料が安い点や、アプリ内の通貨は必ず市内店舗で利用されるという点をインセンティブとして、登録を促しています。クレジットカードをはじめとするキャッシュレス決済を導入した際、店舗側が決済事業者に支払う加盟店決済手数料は標準3％台、低くても2％前後といわれていますが、「ねっぴ〜Pay」の決済手数料は標準より低く設定しています。

「加盟店は2024年6月時点で約280店ですが、まだまだ増やせる余地があります。市民の利用率の高さは店舗側にもメリットが大きいので、『ねっぴ〜Pay』の運営を受託している加西商工会議所にも呼びかけてもら

いながら、加盟店数を伸ばしていきたいです」

2024年4月からは、市内の大型商業施設内の地域交流センターに「ねっぴ～Pay」の無人チャージ機を設置。店舗以外でも現金チャージをできるようにして、利用機会の増加を図っています。

「行政ポイント」として市民への支援金も支給

「ねっぴ～Pay」には、行政から市民への支援金や給付金を「行政ポイント」として発行する機能も備えています。2023年春には、物価高騰対策として学習教材費の支援のため、市内の小・中学生の保護者へ、小学生1人につき4000ポイント、中学生1人につき9200ポイントを「ねっぴ～Payポイント」で給付しました。他にも、加西市などが出資した第三セクターが運営するローカル線「北条鉄道」の通勤定期購入キャンペーンとして、3カ月以上の通勤定期券の購入者に最大3万1000ポイントの"ねっぴ～Payポイント」を付与する特典も実施しています。

「ねっぴ～Pay」を軸にして市政全体のデジタル化を促進

加西市では、行政手続きの効率化や市民の利便性の向上のため、庁内全体で市政のデジタル化を進めています。その一環で2024年4月から、「加西市公式LINE」で防災情報と自治会からの連絡を受信する設定をした市民に対して、「ねっぴ～Payポイント」を2000ポイント付与するキャンペーンを始めました。申し込みには、市民であることの証明のためにマイナンバーカードによる認証が必要です。また、「健幸アプリ」で貯めた運動ポイントを「ねっぴ～Payポイント」に交換する手続きにも、「加西市公式LINE」でのマイナンバーカード認証を組み入れています。

加西市が「デジタル市役所窓口」と位置付けている「加西市公式LINE」と「ねっぴ～Pay」「健幸アプリ」は、2024年度に構築したデータ連携基盤によって結ばれています。これは、加西市が国のデジタル田園都市国家構想交付金（デジタル実装タイプ TYPE2）の事業として採

加西市公式LINEのデジタル市役所窓口のイメージ

択された、「地域通貨を活用した『サスティナブル・スマートシティ』推進事業」の核になっている取り組みです。このデータ連携基盤で、マイナンバーを活用したオンライン手続きによる迅速な給付などが可能になると想定しています。

「市政全体のデジタル化を進めるなかで、市民へのさまざまなサービスやインセンティブの提供先が『ねっぴ〜Pay』に集約されていきます。今後は、例えば地域団体や福祉団体などへポイントを寄付できるような仕組みも拡充していき、市民一人ひとりが自分のためだけでなく地域のために、『ねっぴ〜Pay』を使っていくような流れをつくっていきたいです」

▌DATA

▌加西市ねっぴ〜Pay

加盟店数	約280店
運用開始年月	2022年9月
加西市人口	約4.2万人
ユーザー数	約1.4万人
発行総額	2022年度 約4.9億円
	2023年度 約4.7億円

▌加西・多可健幸アプリ

運用開始年月	2019年6月
ユーザー数	約1.2万人

（うち加西市在住者は約0.7万人）
※数字はいずれも2024年6月時点

Case 5 宮崎県延岡市
「のべおかCOIN」「のべおか健康マイレージ」「のべおか脱炭素アプリ」

`地域通貨` `健康ポイント` `エコポイント`

市民の3人に1人が「のべおかCOIN」ユーザーに。
地域通貨・健康・脱炭素の3アプリの連携で利用を促進

　宮崎県延岡市の「のべおかCOIN」は、2021年8月の運用開始から約3年でアクティブユーザー数が3.6万人を超え、人口約11.5万人の延岡市民のおよそ3人に1人が利用する地域通貨に成長しています。「2023年度は、『のべおかCOIN』のマネーとポイントが4.7億円分以上も消費されました。これは運営側の予想を超える数字です」と延岡市商業・駅まち振興課の元課長・日髙孝則さんは語ります。

　延岡市は東九州屈指の工業都市として発展してきましたが、市民の日常生活における消費は市外へと流出しており、生産年齢人口も減少するなか、縮小する地域経済の活性化が課題となっていました。そんな背景から、域内消費を促すツールとして導入されたのが地域通貨「のべおかCOIN」です。同様の課題を抱えるさまざまな自治体が地域通貨事業に取り組んで試行錯誤するなか、延岡市が普及に成功している大きな要因

「のべおかCOIN」

として、事務局を担う民間事業者のフットワークの軽さが挙げられます。

地元フリーペーパーの発行会社が運営の中心的存在に

「のべおかCOIN」の運営事務局は、宮崎県北部で20万部を発行する月刊フリーペーパー『東九州マガジンen.』の発行元である株式会社エンが担っています。実はこのことが短期間にユーザーを増やすエンジンとなりました。「地域通貨を成功させるには、加盟店やユーザーを増やすためのプロモーションを行う事務局の存在が鍵を握ると、他の自治体の事例などを見て感じていました。そんな折、事業の検討のために延岡市に来ていたフェリカポケットマーケティングの納村社長が『東九州マガジンen.』に載っている広告量の多さに驚いて、発行元のエンにも事業の検討に加わってもらってはと提案してくれたのがきっかけです」（日髙さん、以下同）。

「のべおかCOIN」のスタート直後は、市が運営を委託した会社からエンがプロモーション業務を請け負うという形でしたが、3カ月後の2021年11月に「加盟店会」が設立したのをきっかけに、エンは加盟店会の事務局として運営の中心的存在となりました。

当初の狙い通り、エンは広告掲載を通じて地元の小売店・飲食店への幅広いネットワークを持っていたことから、「のべおかCOIN」の加盟店を大量に獲得。「のべおかCOINを自分たちのツールとしてどう使うか」という検討を積極的に行い、貯めたポイント数に応じて加盟店の豪華賞品の抽選に応募できるキャンペーンなどを定期的に行っています。

キャンペーンと加盟店での声掛けでユーザー数を増やす

「のべおかCOIN」アプリでは、加盟店での買い物などで貯まるポイント（1ポイント＝1円で決済可能）と、現金をチャージして使うマネーの2種類を管理できます。利用者獲得のため、リリース当初の2021年度はアプリのダウンロードで先着1万人に300ポイントを付与するとともに、

マネーへのチャージ額の20％のポイント還元キャンペーン（1人当たりチャージ上限10万円、最大2万円分還元）を実施。その翌年も、チャージ額に対する30％のポイント還元キャンペーンを期間限定で行っています。「キャンペーンによってアプリの利用者が増えるという面はもちろんありますが、それだけでなく、加盟店のスタッフが店頭でお客さんに『のべおかCOINを使いませんか？』とこまめに声掛けをしていることが、利用者数の伸びにつながっていると感じています」。

加盟店は、割引セール・新商品発売・イベントなどのお知らせをアプリからプッシュ通知（アプリが起動されていない状態でもユーザーのスマホに表示される通知方法）で利用者に届けることができます。「約3.6万人のアプリユーザーにプッシュ通知ができる販促効果は絶大だと加盟店からはよく聞きます。加盟店は回数無制限かつ無料でプッシュ通知を使えるので、お金をかけて広告を出したりチラシを配布するよりも、経費を抑えながら売上を増やせるとメリットを実感してくれているようです。アプリを活用して売上を伸ばす加盟店が増えていくことが、地域経済には確実にプラスになっていると思います」。

「健康」「脱炭素」アプリで貯めたポイントを地域通貨に

延岡市の地域通貨事業は、「のべおかCOIN」に2つのアプリを連携させて取り組んでいるところが大きな特徴です。

「のべおかCOIN」のスタート時から連携させているのが、「のべおか健康マイレージ」アプリです。アプリをダウンロードして持ち歩くと、1日の歩数に合わせてポイントが貯まるほか、リアルやバーチャルのウォーキングコースの達成、健康イベントへの参加などでもポイントを獲得できます。以前から市の健康長寿課が、健康づくりのイベントなどに参加した市民向けに、貯めたスタンプの数に応じて賞品の抽選に応募できるといった取り組みを行っていましたが、スタンプの管理や応募にひと手間かかるアナログ方式だったこともあり、参加者の伸び悩みが課題

でした。

　そこで、アプリでポイントが貯まり、そのポイントが地域通貨として使えれば、ウォーキングをはじめとする健康習慣へのモチベーションも高まるはずというもくろみのもと、延岡市ではフェリカポケットマーケティングと共に健康と地域通貨のアプリを同時並行で開発。2021年6月に「のべおか健康マイレージ」アプリをリリースし、8月に地域通貨「のべおかCOIN」のアプリの運用を開始しました。「まずは市民にウォーキングなどでポイントを貯める楽しみを味わってもらってから、貯めたポイントを『のべおかCOIN』でお金代わりに使ってもらう流れがスムーズだろうと考えました」。日々の健康習慣で貯めたポイントが地域通貨として買い物などに使えるインセンティブは大きく、「のべおか健康マイレージ」アプリはリリースから約1年半後の2022年11月には、1万ダウンロードを突破しました。

「のべおか健康マイレージ」

　健康増進と同様に市民の行動変容を促すことが課題とされていたのが、地域の二酸化炭素排出量を削減する「脱炭素」の取り組みです。延岡市では2024年4月に「のべおか脱炭素アプリ」をリリース。自宅での電気・ガスなどの使用量を入力する「エコ記録」や、「エコクイズ」への回答によって貯まったポイントを「のべおかCOIN」に交換し、市内の加盟店で利用できるようにしました。「脱炭素アプリは始まったばかりで、まだ効果を正確に把握できていませんが、『のべおかCOIN』が今後もさまざまな行政課題に活用できるのは間違いないと思います」。

子ども食堂への寄付やマイナポイント事業でもアプリを活用

　他にも、地域での共助の取り組みや、課題解決に寄与する形で「のべおかCOIN」を活用しています。

　その一環として2023年10月から、貯めたポイントを子ども食堂に寄付できる機能を実証実験としてスタートさせました。延岡市内にある6つの子ども食堂の運営団体のいずれか、あるいは全団体に平等に寄付するメニューを選択し、寄付したいポイント数を入力するだけで完了する仕組みです。「のべおかCOINは地域に貢献するための通貨という位置付けなので、貯まったポイントを買い物だけでなく寄付にも使えるようにすることは事業開始当初から検討していました。子ども食堂への寄付は約半年で約7万5000円分が集まっています。今後は福祉団体や、地域のお祭りを運営している団体などを寄付先に加えることも検討中で、アプリを通じて市民の皆さんが寄付という行為を日常的に行えるようにできればと考えています」。

　また、総務省の「自治体マイナポイントモデル事業」（マイナンバーを活用した地域独自のポイント給付施策）として、「のべおかCOIN」を利用した延岡市の施策が採択され、2021年10月から半年間実施しました。18歳以上の延岡市民がマイナンバーカードを使って「のべおかCOIN」アプリで申請すると、市内の路線バスとまちなか循環バスのみで利用できる3000円分のバス利用ポイントが先着1000人に

「のべおか脱炭素アプリ」

付与されるというものです。車社会の宮崎県では公共交通の利用者の少なさが課題だったため、キャッシュレス決済によってバス利用の利便性を高めるという実証実験として実施しました。「市民の利便性向上のためにも交通機関でのキャッシュレス化は進めていく必要があるので、今後はマイナンバーカードとひも付けない形でも、『のべおかCOIN』でバスに乗車できるよう検討を進めていきます。タクシーについてはすでに市内のタクシー会社4社で、『のべおかCOIN』で決済できるようになっています」。

「のべおかCOIN」を通じてコミュニティが醸成される

「『のべおかCOIN』を通じた交流は確実に生まれています。先日もあるお店のレジで『のべおかCOIN』のアプリ操作に手間取っている人に、後ろに並んでいた人が使い方を教えていて、その後2人で一緒にお茶を飲んでいるという場面に遭遇しました。『のべおかCOIN』は加盟店での買い物、健康と脱炭素の各アプリを通じたポイント獲得だけでなく、市が開催するイベントやセミナー、公園清掃作業への参加などでもポイントを獲得できます。ポイントがもらえるというインセンティブによって、市民同士のコミュニティが形成されることが大きな狙いです。人口が徐々に減っていくなかで、人と人とのつながりをますます強くしていく必要があるので、そのためのツールとして『のべおかCOIN』をさまざまな形で市民に活用してもらいたいと思っています」

> **▌DATA**
>
> **▌のべおかCOIN**
>
> | | |
> |---|---|
> | 加盟店数 | 約490店 |
> | 事業開始年月 | 2021年8月 |
> | 延岡市人口 | 約11.5万人 |
> | アクティブユーザー数 | 約3.6万人 |
> | 消費総額 | 2021年度 約3.1億円 |
> | | 2022年度 約7.5億円 |
> | | 2023年度 約4.8億円 |
>
> **▌のべおか健康マイレージ**
>
> | | |
> |---|---|
> | 事業開始年月 | 2021年6月 |
> | アクティブユーザー数 | 約1.8万人 |
>
> ※数字はいずれも2024年3月時点

Case 6	佐賀県 「SAGATOCO」	健康ポイント

企業ランキングやコラボイベントで盛り上がる
県民11万人がユーザーのウォーキングアプリ

　佐賀県では県民の健康寿命を延ばす「さが健康維新県民運動」という取り組みを2019年10月に開始し、その一環として県公式のウォーキングアプリ「SAGATOCO」をリリースしました。当時、特定健診の結果（厚生労働省の第3回NDBオープンデータ）で糖尿病と糖尿病予備群の人の割合が全都道府県でワースト1位であったことや、佐賀県民の平均歩数が全国平均より少ない（2016年国民健康・栄養調査）など、県民の健康状態の改善が課題とされていたことから、「歩く習慣」を促すために開発したアプリです。

　マイカー生活から歩くライフスタイルへの移行を啓蒙する「歩こう。佐賀県。」というスローガンも提唱。山口祥義知事が音頭を取って県民のウォーキングを推進する取り組みが全庁的に進められ、「SAGATOCO」はそのツールとして活用されてきました。企業とのコラボレーションや、部署を横断した施策の実施など数々の工夫を重ね、リリースから5年弱で、県民約80万人のうち11万人強が利用するアプリに成長しています。

企業ランキングへの参加を呼び込み、700社以上が登録

　「SAGATOCO」アプリは、スマホのヘルスケア機能などと連動して歩数に応じてポイントが付与され、1日最大20ポイント（1万歩以上）が貯まります。また、県指定の検診・健診の受診で100ポイント、「バーチャルウォーキング」（計測した歩数に応じて仮想上のコース制覇を目指

す機能)やスタンプラリーの制覇で1回当たり10ポイント以上など、健康増進につながるさまざまな行動によってポイントが貯まる仕組みです。

アプリには、登録したユーザー名で月ごとの歩数ランキングが表示される機能がありますが、利用者数の増加に大きく貢献したのが、リリースの2カ月後に追加した「企業ランキング」の機能です。佐賀県内の法人または法人内の部署単位など4人以上でグループを申請でき、企業ごとの平均歩数や企業内の個人の歩数をランキングで表示できるようになってゲーム感覚が加わっています。「県の産業労働部に依頼して県内企業に登録を呼びかけてもらいましたが、健康経営への関心が高まっていたこともあり、多くの企業が参加してくれました」(佐賀県健康福祉政策課 元技術監の西村賢二さん、以下同)。2024年3月時点で、登録している企業は737社(企業内グループを含む)に上っています。

「SAGATOCO」

協力店は500店以上、大手を中心に約30社がサポート企業に

「SAGATOCO」のポイントは現金に代わる通貨としては利用できませんが、100ポイントでドリンク1杯無料や5％割引といったサービスを県内の協力店で受けられます。スタート当初は、「SAGATOCO」の運営主体である健康福祉政策課が地道に協力店を開拓。地域の広告代理店

の協力を得たり、県庁内の他部署のネットワークを活用したりしながら、2024年3月時点で500店以上が協力店となっています。

　アプリを開くと、利用者の現在地近くでポイントを利用できる店がマップ上に表示されるほか、ジャンル別に店を検索することもできます。協力店はポイントと交換できる特典を提供することで、客の来店機会を増やせるとともに、健康づくりを応援する店としてのイメージアップも期待できます。

　さらに健康福祉政策課では、県民の健康づくりを応援する「さが健康維新県民運動サポート企業」を募っており、大手の食品メーカー、コンビニ、保険など約30社がサポート企業として登録しています。「7日連続で1日5500歩を達成した『SAGATOCO』アプリユーザーに、県内のセブン-イレブンで明治のプロテイン飲料をプレゼント」など、ウォーキングのミッションを達成することで特典がもらえる複数社の共同キャンペーンを定期的に実施。サポート企業からの商品提供は、アプリのダウンロード数の増加や利用者の歩くモチベーションの向上につながっています。

「SAGATOCO」
協力店募集の案内

セブン-イレブン×明治
×SAGATOCOの
キャンペーン案内

　こうしたキャンペーンでは、特典に応募したアプリユーザーの年齢・性別・住所地などの属性データが取れるので、商品を提供した企業にその分析データを提供しています。サポート企業側はそうしたデータをマーケティングや商品開発に活用できるので、行政と企業がウィンウィンの形で市民の健康増進につながる取り組みができている状態です。

「公共交通でサッカーの応援へ」キャンペーンで600ダウンロード

　「SAGATOCO」は健康福祉政策課だけでなく、県庁内の他の担当課の施策でも積極的に活用されています。なかでもアプリのユーザー数を大きく伸ばしたのが、2021年から実施している「列車でサガン！キャンペーン」です。鳥栖市にある「駅前不動産スタジアム」で地元サッカーチーム・サガン鳥栖の試合が開催される際、観戦客の多くが自家用車でスタジアムを訪れるため、交通渋滞や駐車場が足りなくなるといった問題が発生していました。この問題を解消するため、県の交通政策課と、サガン鳥栖を運営するサガン・ドリームス、JR九州が協力し、電車でスタジアムを訪れると特典がもらえるスタンプラリーキャンペーンを実施

しました。出発駅として指定された駅（佐賀県内と近県の約30カ所）と、スタジアムの最寄りのJR鳥栖駅で「SAGATOCO」アプリを使ってチェックインし、会場でアプリ画面と観戦チケットを提示すると、サガン鳥栖のノベルティグッズなどがもらえる当日限定のキャンペーンです。

「2022年8月には、サガン鳥栖のユニフォームのレプリカとして佐賀県が制作した『佐賀さいこう！DAY記念ユニフォーム』をスタンプラリーの特典にしたのですが、これが大人気で、ユニフォームをもらう人でかつてないほどの長蛇の列ができていました。この日だけで『SAGATOCO』アプリが600以上ダウンロードされ、もともとアプリを利用していた人も含めて、2000人近くがスタンプラリーを利用してくれました。当日の交通渋滞の緩和にもかなり貢献できたと思います」

2023年9月に行われた試合の際は、電車だけでなくバスでの来場者も対象にしてサガン鳥栖の缶バッジをプレゼントするキャンペーンを実施。「マイカーではなく電車やバスで来場して地球温暖化防止に取り組もう」というスローガンも掲げました。「SAGATOCO」を活用した公共交通の利用促進は、環境保全と渋滞緩和、県民の健康増進という行政課題を同時に解決する取り組みとして定例化しています。

ゲームとコラボしたスタンプラリーで観光客誘致も

ゲーム性の高いイベントでも「SAGATOCO」を活用しています。佐賀県では10年以上前から人気ゲーム「サガ」シリーズと「ロマンシング佐賀」というコラボレーション企画を開催していますが、ゲームのキャラクターをデザインしたマンホールをチェックポイントにして温泉地を巡るスタンプラリーなども「SAGATOCO」アプリを使って行っています。2023年には鳥栖市の駅前不動産スタジアムで謎解きイベントとコラボした当日限定のスタンプラリーも開催し、好評を博しました。

「SAGATOCO」の利用促進には佐賀県内の20の市町も協力しており、各市町が歴史遺産巡りや街並み散策などのスタンプラリーコースを企画

してアプリに登録することで、観光客の誘致にもつなげています。

平均歩数は年々増加、「県民生活に入り込んだ」アプリに

　健康福祉政策課では、「SAGATOCO」をリリースする以前からも県民向けにウォーキングイベントなどを開催していましたが、参加者が広がりにくいという課題がありました。最もターゲットにしたかったのが生活習慣病に陥りやすい働き盛りの中高年層で、スマホ保有率の高いこの年代にはアプリが効果的だろうと判断して「SAGATOCO」を開発しました。結果として利用者は30代から60代がメインとなっており、もくろみ通り中高年層を取り込むことができています。

　「健康経営を意識している会社を企業ランキングという機能で巻き込み、社長の一声で社員にウォーキングの習慣を促してもらう効果は絶大でした。社内のグループで歩数を競い合っているという声もよく聞きます。利用者は口コミで広がっているようで、『SAGATOCO』に毎日ログインするのが習慣になっているという声も多く、県民生活にかなり入り込んだアプリになっていると実感しています」

　スタートから3年半で目標の10万ダウンロードを達成し、「次は30万ダウンロード達成」という新たな目標が掲げられています。「県の統計分析課の協力を得てアプリに蓄積されたユーザーのデータを分析しながら、利用者数をさらに増やし、協力店のメリットも大きくできるような戦略を立てていきたいと思います。『SAGATOCO』を県民の健康増進だけでなく、県のさまざまな課題解決のツールとして活用していくことを目指しています」。

▌DATA

▌**SAGATOCO**

事業開始年月	2019年10月
加盟店数	510店
佐賀県人口	約78.9万人
アプリダウンロード数	約11.8万ダウンロード

※数字はいずれも2024年6月時点

| Case 7 | 北海道苫小牧市「とまチョップポイント」| 地域通貨 / 健康ポイント |

> カードも併用した地域発のポイントサービス。
> 行政ポイントの発行やアプリでのウォーキング推進も

「とまチョップポイント」は、北海道苫小牧市で2016年8月にスタートした地域ポイントサービスです。当初は電子マネー機能を搭載したカード「とまチョップWAON」のみで運用していましたが、2022年4月から「とまチョップポイント」アプリの運用をスタートしました。市内加盟店の利用や、市内でのイベント参加、イオン・マックスバリュへの来店などで市民が貯めたポイントを加盟店で利用することにより、ポイントが循環され、苫小牧市の経済活性化につながることを目的としています。

苫小牧市の総合戦略の基本目標の1つである、「地元の魅力を強化、暮らしやすさ発信で移住を促進」の実現を図る事業として、「とまチョップポイント」は位置付けられており、市が地域と一体で行っています。苫小牧市の公式キャラクターである「とまチョップ」にちなみ、「とまチョップポイント」と名付けられました。

現在、「とまチョップポイント」はアプリとカードのいずれかで利用を始めることができます。アプリは無料で、カードはイオン苫小牧店、市内のマックスバリュ各店のサービスカウンターにて1枚300円で発行できます。カードには「電子マネーWAON」と「WAONポイント」の機能も搭載されていますが、「とまチョップポイント」と「WAONポイント」は別のポイントとして運用しています。

加盟店での買い物、行政サービスへの参加、来店でポイント獲得

「とまチョップポイント」は1ポイント＝1円で加盟店での支払いに利用でき、貯める方法は主に3種類あります。1つ目は、加盟店での利用の際にもらえるポイントで、決済額100円につき1ポイントが貯まります。期間限定でポイント10倍キャンペーンなども行っています。2つ目は、行政によるポイント発行です。市が実施する健康事業や環境関連の取り組みへの参加、ボランティアへの登録などでポイントを貯めることができます。特定健診やがん検診の受診で100ポイント、スポーツボランティアへの登録で300ポイント、運動教室や栄養教室への参加で300ポイントが発行されます。3つ目は、市内にあるイオン・マックスバリュの各店舗に来店するだけもらえ

る来店ポイントです。各店舗に設置した専用の端末にて1日1回、1ポイントがもらえます。

ウォーキングでポイントが貯まる機能もスタート

2022年12月からは、「とまチョップポイントウォーキングwithアプリ」と称して、歩数に応じてポイントが貯まる機能もスタートしました。アプリをインストールしたスマホを持ち歩くことで、歩数を計測し、歩数に合わせたポイントが付与されます。6000歩達成で2ポイント、8000歩達成で5ポイント、1万歩達成で10ポイントが付与されます。

2024年3月には「とまチョップポイントウォーキング1周年記念」として、1カ月限定でポイント10倍キャンペーンを実施し、市民の健康習慣に寄与するアプリとしても活用を促しています。

Case 8 岩手県盛岡市「MORIO Pay」

地域通貨
プレミアム付き商品券

電子マネー機能搭載カードからアプリに進化。プレミアム付き商品券はアプリとカードの両方で発行

「MORIO Pay」は、盛岡Value City株式会社が運営し、岩手県盛岡市や盛岡商工会議所、株式会社日専連パートナーズなどが連携して普及に取り組む、ポイントが貯まるチャージ型の地域の電子マネーです。盛岡Value Cityは、2014年に盛岡商工会議所、盛岡市、市内の商店街などが出資して設立されました。設立当初は電子マネー機能を搭載した「MORIO-Jカード」の運営・管理を担っており、2021年3月から電子マネーアプリ「MORIO Pay」の運用を開始。カードで貯めていた「MORIO-Jポイント」は「MORIO Pay」アプリに移行できるようにしました。

加盟店などでアプリに現金をチャージし、決済に「MORIO Pay」を利用すると、決済金額200円につき1ポイントの「MORIO-Jポイント」が貯まります。貯まったポイントは、アプリ内の操作で1ポイント＝1円分の「MORIO Pay」残高に交換できます。普段の買い物で「MORIO Pay」を利用し、お得なキャッシュバックを受けながら、地元のお店を

市民一体となって応援することを目的としています。

最大6000円分のプレミアム付き商品券をアプリとカードで発行

2022年6月より、「MORIO Pay」アプリを活用したプレミアム付き商品券の発行を開始しました。スマホが使えないユーザーにも対応するため、プリペイドカード型の商品券（右画像）も発行し、カードに記載されたQRコードを店舗用の「MORIO Pay」アプリで読み込むことで決済ができる環境も整備しています。

これにより、従来の紙の商品券で発生していた利用者側の購入手続きの手間や、店舗側の換金の工数などを削減しました。

2024年3月からは20％のプレミアムが付く「MORIO Payプレミアム商品券2024」の販売を開始。1人当たりの購入上限額を3万円とし、最大6000円分のプレミアムを付与しました。

「MORIO Pay」アプリで加盟店が無料で情報発信

「MORIO Pay」アプリでは、加盟店がお得情報やニュースを無料かつ回数制限なしでユーザーに発信することができます。発信内容はアプリのトップ画面に表示されるため、加盟店にとってPR効果は大きく、市内での消費喚起にもつながっています。

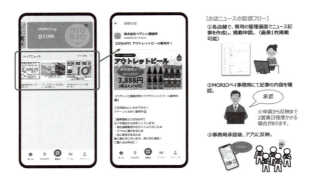

Case 9	富山県魚津市「MiraPay（ミラペイ）」

地域通貨
プレミアム付き商品券
給付金

スタート時からアプリとカードを併用した地域通貨に。
プレミアム付き商品券では地元店のみの枠も設定

　富山県魚津市は、新型コロナウイルス感染症の拡大により地域経済が打撃を受けるなか、市内経済の循環・活性化を目的として、2021年7月にデジタル地域通貨「MiraPay（ミラペイ）」を導入しました。サービス開始時に発行した「プレミアム付きミラペイ」は、30％のプレミアムを付けて1万3000円分の「ミラペイ」を1万円で販売。ただし1万3000円分のうち、1万円分は取扱店舗全店で利用できる「ミラペイ」とし、3000円分は「応援店（百貨店やドラッグストアを除く地域の加盟店舗）」のみで利用できる「ミラペイ」としました。この仕組みは「ミラペイ」を開発・運用するフェリカポケットマーケティングの「よむすび」というシステムが持つ、複数の残高を管理する機能によって実現できました。

　「ミラペイ」では、プレミアム付き商品券事業などで市が発行する「ミラペイポイント」と、利用者自らが現金でチャージする「ミラペイコイン」の2種類を決済で利用できます。それまでフェリカポケットマーケティングが提供する電子版プレミアム商品券事業の決済方法は、アプリによるQRコード決済のみでしたが、本事業ではアプリだけ

「プレミアム付きミラペイ」の発行内容

プレミアム率	30％（1口1万3000円分を1万円で販売） ※1万円分：取扱店舗全店で利用可能 ※3000円分：応援店（百貨店・総合スーパー・ドラッグストアなどを除く地域の取扱店舗）で利用可能
発行総額	2億6000万円（2万口×1万3000円）
利用可能店舗	魚津市内の「ミラペイ」取扱店舗
利用期間	2021年7月9日〜11月30日

190

でなくQRコードが印字さ
れたカードを併用できるよ
うになりました。この仕組
みによって、スマホやアプ

リ決済に不慣れな市民でも、デジタル地域通貨を
簡単に利用できるようになります。

健診への参加で「行政コイン」も獲得

　「ミラペイ」では、市の勧奨する手続きを取っ
たり、ボランティア活動に参加したりした市民が「行政コイン」をもら
うことができます。行政コインは「ミラペイコイン」としてチャージさ
れ、1コイン＝1円で利用できます。例えば、市から届く受診券で特定
健診を受けた市民は、2000円分の「ミラペイコイン」がもらえます。市
民課医療保険係の窓口に、特定健診結果と「ミラペイカード」または「ミ
ラペイアプリ」の入ったスマホを持参すると、その場でコインを付加し
ます。窓口へ行かなくても「富山県電子申請サービス」でインターネッ
ト申請が可能で、その場合は2～3開庁日後に手持ちの「ミラペイカー
ド」または「ミラペイアプリ」にコインが付加されます。

　今後は地域のさまざまな活動に対して行政コインを付与することで、
市民の地域活動への参加を促していく予定です。

コロナ禍の給付金配布にも「ミラペイ」を活用

　2022年度にはコロナで大きな影響を受けた非課税世帯や子育て世帯
への給付金の配布手段として「ミラペイ」を活用し、申請不要のプッシ
ュ型で、対象者にカード型の「ミラペイ」を送付しました。紙の商品券
に比べて事業開始までのスピードが速まり、計画から2週間ほどで実施
できました。「ミラペイ」は市内の加盟店でのみ使うことができるため、
給付したポイントは直接、地域経済の活性化に寄与できています。

Case 10 香川県三豊市「Mito Pay」

地域通貨
プレミアム付き商品券

プレミアム付き商品券は市民と観光客向けの2種類に。「マネー」の有効期限をなくして利便性を向上

　香川県三豊市は、市民生活におけるキャッシュレス化の促進と、市民のデジタルリテラシーの向上、市内経済の活性化を目的に、2021年8月からデジタル地域通貨アプリ「Mito Pay」の事業を開始しました。アプリには、市内8店舗の協力によりサービスカウンターや窓口で現金によるチャージができ、「Mito Payマネー」として加盟店で使用できます。一度にチャージできる金額の上限は4万円、残高の上限は10万円です。利用可能な加盟店は「Mito Pay」アプリ内の「お店を探す」から見つけることができ、2024年6月時点で市内の350店舗が加盟しています。100円の利用ごとに、「Mito Payポイント」が1ポイント貯まる仕組みです。

スタート時に2種類のプレミアム付きデジタル商品券を発行

　2021年の事業開始時の目的は、コロナの感染対策と市内の消費喚起の両立でした。コロナ禍で大きな打撃を受けている観光業を支援し、近県からの観光客を誘致するため、市民向けの「三豊市プレミアム付デジタル商品券」(プレミアム率15％、1人当たりポイント上限7500円分)と、観光客向けの「三豊市プレミアム付デジタル観光商品券」(プレミアム率20％、1人当たりポイント上限2000円分) の 2 種類を販売しました。

「Mito Pay」アプリをスマホにダウンロードしてデジタル商品券の購入を申し込み、商品券の販売店で現金をチャージすると、プレミアム分のポイントが付与される仕組みです。

ポイント還元キャンペーンや有効期限の廃止で利用を促進

プレミアム付き商品券事業の終了後も「Mito Pay」の利用を促進するため、2023年8月に三豊市民を対象に「市民生活応援事業Mito Pay30%還元キャンペーン」を実施しました。①支援窓口で本人確認を行う、②マイナンバーカードを用いてアプリから自身で本人認証を行う、という2種類の申し込み方法を設け、1人当たりのチャージ上限金額3万円、プレミアム率30％で最大9000円分のポイントを還元しました。

また、2023年5月からは現金チャージ時の残高である「Mito Payマネー」の有効期限を廃止。これにより、利用者が期限を気にすることなく現金チャージを行い、「Mito Pay」を利用できるようになりました。

地域での活動や保育事業でも「Mito Pay」を活用

三豊市では、地域ポイント事業でも「Mito Pay」を活用しています。エコ活動やボランティア活動、イベントへの参加、アンケートの回答などでポイントを付与する仕組みで、市内の事業者などが従業員向けの福利厚生や、顧客へのサービスとして利用できます。貯まったポイントは市内の加盟店で利用できるため、地域コミュニティの活性化と市内での消費喚起の両方に寄与しています。

また、2023年11月から、公立の保育所と幼稚園での絵本代の支払いに「Mito Pay」を利用できるようになりました。現金の受け渡しや管理が保育士の負担となっているという課題があったことから、「Mito Pay」を支払いツールとして活用することで負担軽減につなげています。

三豊市では今後も「Mito Pay」を、決済だけでなく市政や市民に貢献するツールとしてさまざまなシーンで活用していく予定です。

| Case 11 | 広島広域都市圏「としポ–広島広域都市圏ポイント」 | 地域通貨 |

保育・介護職員向けの「買い物補助券」を地域通貨に。レシートキャンペーンでアプリの利用を促進

　「としポ-広島広域都市圏ポイント」アプリは、広島市を含む30市町で構成される広島広域都市圏内で貯めて使える地域共通ポイントのアプリで、2021年7月にリリースしました。

　広島広域都市圏とは、広島市の都心部からおおむね半径60km圏内にある30の市町（2024年4月時点）で構成された圏域です。広島広域都市圏では、圏域経済の活性化と圏域内人口200万人超の維持を目指す「200万人広島都市圏構想」の実現に向けて、ヒト・モノ・おカネ・情報が圏域内で循環する「ローカル経済圏」を構築し、地域資源を圏域全体で活用するさまざまな施策を展開しています。「としポ」はその取り組みの1つです。

　ポイントは加盟店での買い物、行政や企業のイベントへの参加などで貯めることができ、1ポイント＝1円で加盟店での買い物、圏域ならではの商品やサービスとの交換、公益団体への寄付などに使うことができます。アプリを通じて加盟店のクーポンを入手できたり、ウォーキングイベントやスタンプラリーへの参加でポイントがもらえたりと、地域に貢献しながら利用者がメリットを得られるような仕掛けを設けています。

ひろしま保育・介護人財サポート事業に「としポ」を活用

　「としポ」は広島市の「ひろしま保育・介護人財サポート事業」でも活

用されています。この事業は、保育・介護職の担い手不足解消を目指し、賃金・処遇の改善を補完するという視点に立った福利厚生の取り組みです。具体的には、市内の保育・介護事業者、スーパーなどの地元企業、行政が一体となり、保育・介護職員の買い物支援サービスを実施しています。従来は紙の買い物補助券を発行していましたが、2022年10月からは「としポ」のポイントを付与する形に変更しました。

保育・介護事業者が、職員1人当たり年間6000円の会費を負担することで、各職員に年間1万2000円分のポイントが付与されます。「としポ」のアプリを使うことで、普段の生活での買い物やイベントへの参加でポイントが貯まるようになるため、紙の買い物補助券に比べて利便性やメリットが向上しています。

レシートを活用した20％のポイント還元を実施

広島市内の飲食店など生活衛生関連事業者の支援のため、2023年12月から約3カ月間、市内の対象店舗での利用額に対して最大20％の「としポ」のポイントがもらえるキャンペーンを実施しました。ポイント還元期間中に対象店舗で発行されたレシートの写真を「としポ」アプリで撮影・送信すると、レシートに記載された合計金額の20％が「としポ」のポイントとして還元される（キャンペーン終了後、2週間程度でまとめて付与）というものです。現金・クレジットカードなど決済方法は問わず、期間内で利用者1人当たり累計4000ポイントを上限に還元し（還元1回当たりの上限は1000ポイント）、「としポ」アプリの利用促進を図りました。

Case 12	東京都大田区　　　　　　　　　　　　　　プレミアム付き商品券 「大田区プレミアム付デジタル商品券」

区内でのキャッシュレス決済の普及を目的に
「プレミアム付デジタル商品券」をアプリのみで提供

　東京都大田区では、2021年度より「大田区プレミアム付デジタル商品券」の販売を開始しました。物価高の影響が懸念される区民生活の支援とキャッシュレス決済の普及、地域経済の活性化を目的に販売した、アプリ型の20%の「プレミアム付デジタル商品券」です。

　2022年度からは利用者の利便性を向上させるため、フェリカポケットマーケティングが提供する「よむすび」をベースとしたアプリに切り替えました。このアプリでは、デジタル商品券の申し込み・購入・利用のすべてをアプリ内で完結させることができ、購入のための入金方法はクレジットカード決済とコンビニ払いのどちらかを選択できます。

　当初は、事業自体の認知やスマホを使い慣れていない区民への対応が

「大田区プレミアム付デジタル商品券」の発行内容（2022年度）

プレミアム率	20%（1口6000円分を5000円で販売）
発行総額	最大18億円（最大30万口×6000円）
対象者	大田区在住者、大田区内に通勤または通学している人
利用可能店舗	大田区内の参加店舗
販売方法	事前申込制による抽選販売
利用期間	第1期：2022年11月4日〜2023年2月12日 第2期：2022年12月2日〜2023年2月12日
利用者 サポート	区内に相談ブースを2カ所設置。 説明会を開催し、特設サイト内で説明動画も公開。

課題としてありましたが、対面での説明に力を入れるなど工夫を重ね、課題の解消に努めました。申込者数や加盟店舗数は年々増加しており、利用者と加盟店の双方にとってメリットのあるキャッシュレス決済が普及し、活用されつつあります。

区民になじみのあるキャラクターで事業をPR

PRには区民になじみのあるキャラクターを取り入れ、利用者や店舗事業者に身近に感じてもらえるよう工夫しました。事業のポスターやアプリで使用しているのは、大田区公式PRキャラクター「はねぴょん」（右画像）と、大田区在住のクリエイター・まりんさんが手掛ける「＃消しかす。」です。「はねぴょん」は、区内にある日本の空の玄関口である羽田空港から「はね」、桜の名所や銭湯などを「ぴょんぴょん」と駆け巡ることから名付けられました。「はねぴょん」と「＃消しかす。」がコラボレーションする形で事業をPRしています。

©Ota City

Case 13	**兵庫県** 「はばタンPay+（プラス）」	プレミアム付き商品券

物価高騰の影響を受ける家計を応援するため
「子育て応援枠」を50％と高いプレミアム率に

　「はばタンPay+（プラス）」は、物価高騰に直面する兵庫県民の家計を応援するとともに、原材料調達コスト上昇の影響を受ける県内の小売店・飲食店などを支援するため、2023年度に計3回にわたって発行された、アプリ型の「プレミアム付デジタル券」です。

「子育て応援枠」と「一般枠」で異なるプレミアム率を設定

　プレミアム率は、子育て世帯を対象にした「子育て応援枠」を50％、

ひょうご家計応援キャンペーン プレミアム付デジタル券 「はばタンPay+」の発行内容

プレミアム率	子育て応援枠：50％（1口7500円分を5000円で販売）
	一般枠：25％（1口6250円分を5000円で販売）
発行総額 （プレミアム分を含む 予算規模）	第1弾・第2弾：子育て応援枠と一般枠で総額約171億円 第3弾：一般枠のみで総額約183億円
対象者	子育て応援枠：兵庫県在住者のうち、2024年3月31日時点で18歳以下の子どもを持つ世帯の代表者
	一般枠：兵庫県在住者
利用可能店舗	兵庫県内の参加店舗
利用期間	第1弾：2023年9月11日〜2024年2月29日 第2弾：2023年12月22日〜2024年2月29日 第3弾：2024年3月11日〜6月30日

「一般枠」を25％としました。食料品や日用品の相次ぐ値上げは、特に子育て世帯に対して大きな家計負担を及ぼしていることから、子育て応援枠として高いプレミアム率を設けました。「はばタンPay＋」のアプリでは、1つの画面で2つの枠の残高を同時に管理でき、チャージ・支払いなどの動きも枠ごとに独立しています。

第1弾・第2弾では子育て応援枠と一般枠を設けましたが、2024年春に販売した第3弾では、1年の中でも出費がかさむ新生活準備期間に合わせて、第1弾・第2弾でニーズの高かった一般枠に絞って実施しました。高齢者などスマホ操作に不慣れな人にも幅広く利用してもらえるよう、携帯電話ショップでの対面サポートや、公式ホームページでの利用方法の動画公開、市町・商工会・県の地方機関である県民局による対面サポート、商業施設での出張相談イベントの実施など、さまざまな方面から働きかけました。

「はばタンPay＋」は約70万人の県民と約1万5000店の店舗事業者に利用され、県民の家計支援と県内の事業者支援の施策として一定の成果を得ることができました。

| Case 14 | 神奈川県川崎市
「かわさきTEKTEK」 | 健康ポイント |

ウォーキングで貯めたポイントは小学校へ寄付。
寄付したポイント数に応じて特典に応募できる

　神奈川県川崎市は健康ポイント事業のツールとして、2023年10月に「かわさきTEKTEK」アプリの提供を始めました。働き盛り世代を中心に運動に取り組む人が少ない傾向に注目し、無理なく継続して取り組みやすいウォーキングによって市民の健康意識を高め、健康行動の習慣化を促すことを目指しています。

　「かわさきTEKTEK」は、アプリをダウンロードしたスマホを持ち歩くと、歩数に応じてポイントが付与されます。ウォーキングコースやスタンプラリーの制覇などでもポイントを獲得できます。

　貯めたポイントは、利用者が選んだ市立の小学校などへ寄付することができ、寄付したポイント数に応じて抽選への応募チケットが付与されます。抽選に当たると、協賛企業からの提供商品や、さまざまな体験ができる特典が得られます。

　歩いた成果を本人だけでなく、子どもたちに還元していくことから「T:楽しく　E:笑顔で　K:健康に　T:貯まった　E:笑顔は　K:子どもたちに」という意味を込めて、「かわさきTEKTEK」という名称にしました。自分自身の健康のためだけでなく、アプリを活用した運動の成果を地域社会に還元し、子どもたちの希望をかなえることで、「健康と優しさが循環する健康循環社会」を実現することが目的です。アプリを通じたさまざまなイベントや、協賛企業が提供する貴重な体験、景品が当たる応援特典などで、楽しみながら自身の健康増進を図り、川崎市の未来を担う子どもたちを応援することができます。

学校への応援金の用途をアプリ上で公開

　貯まったポイント数に応じて各小学校に寄付される応援金は、子どもの健康や学校教育、学校生活の充実に結び付くような形で活用していきます。学校ごとの児童数に応じて設定した金額をどのように使うかは、可能な限り児童会などで子どもたちが考えて決定します。2023年度は、図書館を快適な空間にする、校庭にミストシャワーを設置する、運動用具を購入するなどの用途に使いたいという希望がありました。学校ごとの使用用途はアプリ上で公表し、アプリ利用者の寄付へのモチベーション向上につなげます。

地元スポーツチームからの呼びかけやイベント開催で利用を促進

　「かわさきTEKTEK」アプリの利用者を増やすために、さまざまな取り組みを行っています。学校の配布物に掲載し、PTAと連携するなど学校からの利用促進のほか、サッカーチームの川崎フロンターレ、バスケットボールチームの川崎ブレイブサンダースと連携し、各チームのファンに呼びかけてもらっています。

　また、アプリ内で歩数対決などのイベントを開催したり、利用者同士のグループ作成、スタンプラリーやウォーキングコースなどの機能の活用を促したりしています。協賛企業からの商品提供といった利用者へのインセンティブを高める工夫や、各種イベントブースへの出店などで高齢者の参加を促す機会も設けています。

Case 15 兵庫県三田市「さんだっぷ」

健康ポイント

健康づくりの行動で貯めたポイントを各種電子マネーや電子ギフトに交換

　兵庫県三田市では「さんだ里山スマートシティ構想」を策定し、デジタルを活用し地域課題を解決することにより、「市民一人ひとりが幸せを実感しながら住み続けられるまち三田」を目指しています。市民が楽しみながら健康づくりに取り組む機運の醸成を目的として、市民健康アプリ「さんだっぷ」を2023年12月にリリースしました。この事業は、国が実施する2023年度デジタル田園都市国家構想交付金の「デジタル実装タイプ TYPE X」として採択された、「マイナンバーカード利活用型スマートシティ推進事業」の1つである「市民健康アプリサービス」に該当します。

　「さんだっぷ」アプリでは、日々のウォーキングや健診・検診の受診、市内ウォーキングコースを活用したスタンプラリーへのチャレンジといった健康づくり行動を通じてポイントを取得できます。貯めたポイントは18歳以上の三田市民に限り、マイナンバーカードの公的個人認証を行うことで、コンビニやカフェチェーン、ネットショッピングなどで使える各種電子マネーや電子ギフト券に交換し、利用することができます。

　「さんだっぷ」は、三田市の「Sanda（さんだ）」と「Stand up（スタンドアップ）」を掛

け合わせた造語で、「日常生活で健康づくりなどの新たな行動を始めるきっかけのためのアプリにしたい」という趣旨を踏まえ、名称を決定しました。

市内のウォーキングコースへのチェックインでポイント獲得

「さんだっぷ」アプリをスマホにインストールし、利用者の情報を登録すると、初回登録ポイントとして200ポイントが付与されます。スマホを携帯しながら歩くとアプリで歩数が計測され、歩数に応じて1日最大5ポイントが貯まります。また、市内に設けたウォーキングコースのすべての拠点にアプリでチェックインすると、1コースにつき100ポイントがもらえるスタンプラリーも実施しています。

市が実施するがん検診などを受けたり、健診の結果を登録したりすることでもポイントが貯まります。

「さんだっぷ」アプリを利用することで、より多くの市民が楽しみながら健康づくりに取り組むきっかけを得られることを目指しています。

▲ヘルスケアトップ画面
（参考）

▲健(検)診記録トップ画面
（参考）

Case 16 栃木県那須塩原市「エンジョイecoなすしおばら」

エコポイント

従来のエコポイント制度をアプリ化して便利に。
ポイントはQUOカードや地元協力店の特典と交換できる

栃木県那須塩原市は、市民の環境配慮行動を活性化するツールとして、2023年10月に「エンジョイecoなすしおばら」アプリをリリースしました。この事業は、国が交付する2023年度デジタル田園都市国家構想交付金の「デジタル実装タイプ TYPE2」として採択された、デジタルエコポイントサービスです。

「エンジョイecoなすしおばら」アプリでは、日々のエコ活動を記録することでポイントが貯まり、貯めたポイントを特典と交換することができます。当初アナログで管理を行っていた「なすしおばらエコポイント制度」を、アプリによってデジタルで管理できるようにしました。ポイ

電気・ガス・水道・灯油の使用量、支払額の記録ができます。

使用量や支払額がグラフ化され、月ごとの比較や年間の比較ができます。

CO_2の削減記録が自動で算出されます。

エコバックの利用などのデコアクションが写真で登録できます。

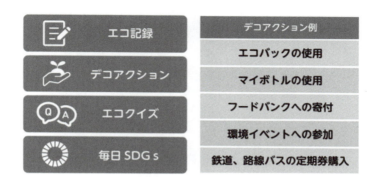

ントを貯めやすく、使いやすくすることで、利用者が積極的に「デコアクション」(「デコ」は「デカーボナイゼイション＝脱炭素」と「エコロジー＝環境に優しい」を組み合わせた造語で、国が進めている運動)に取り組めるようになりました。

脱炭素につながる日々の取り組みでポイントを獲得

「エンジョイecoなすしおばら」アプリでは、電気・ガス・水道などの使用量や支払い額を入力する「エコ記録」、エコバッグやマイボトルの使用、フードバンクへの寄付、環境イベントへの参加、鉄道・路線バスの定期券購入といった「デコアクション」、エコに関するクイズに回答する「エコクイズ」、SDGsに関する項目をチェックする「毎日SDGs」などの方法でポイントを獲得できます。

貯まったポイントは、500ポイントでQUOカード500円分や協力店提供のドリンク特典などと交換することができます。

ポイント獲得の機会をより幅広くしたことで、市民のエコに関する取り組みがさらに広がることを目指しています。

Case 17 九州7県
「九州エコファミリー応援アプリ（エコふぁみ）」

エコポイント

エコにつながる行動やイベントへの参加を促進。
貯まったポイントで県産品のプレゼントも

「九州エコファミリー応援アプリ（愛称：エコふぁみ）」は、九州7県公式の環境スマホアプリです。2020年3月から福岡県公式アプリとして運営していましたが、2021年4月より対象地域を九州7県に拡大し、機能やデザインもリニューアルしました。九州の各県民に向けて、日常生活での省エネ行動を促し、地球温暖化の原因とされる二酸化炭素排出量の削減を図ることを目的としたアプリです。

アプリを通して環境に優しい取り組みやエコな活動を行うことで、ポイントを貯めることができます。トップ画面は月替わりで変更され、各県のキャラクターたちがその県の観光地を巡るイラストになっています。

エコ記録や協賛店への来店でポイントが貯まる

「エコふぁみ」アプリでは、毎月の電気・ガスの使用量などの記録をつけるエコ記録や、自治体が主催する環境イベントへの来場、「エコふぁみ協賛店」への来店、環境保全活動などが行われている指定の「環境スポット」への訪問、アプリで通知されるお知らせの閲覧などでポイントが貯まります。

貯めたポイントを利用して、県産品の詰め合わせなどのプレゼントが

トップ画面
季節とともに各県のキャラクターたちがその県の名所を巡ります。

エコ記録
電気等の使用量等の記録ができます。記録を行うことでポイントが貯まります。

お知らせ
イベント情報など県からの最新のお知らせが表示されます。

当たる抽選（エコふぁみくじ・エコトンくじ）に参加することができます。また、アプリに表示される「応援パスポート」画面を各県指定の協賛店で提示すると、割引やサービスなどの特典も受けられます。近くのエコふぁみ協賛店や環境スポットを地図上で探せるなど、環境保全につながる行動を促す便利な機能をたくさん備えたアプリです。

Message

新しい事業に
チャレンジ
する人へ

本書の読者の皆さまには、これから地域通貨事業に挑戦しようとする自治体や商工団体の方々、民間事業者の方々も多いことと思います。「新規事業にチャレンジする」という点では、行政・民間問わず共通に必要な視点や心構えがあると考えています。新たな事業や施策に取り組もうとしている方々にとって、多くの新しい試みにチャレンジしてきた私のこれまでの社会人経験が役に立つのでは、という意見を編集者からいただき、本書の最後にインタビューという形で収録することになりました。今もって悪戦苦闘の真っ只中の日々を送り、決して成功者とは言えない私ですので、自分のことを棚に上げてお話ししていますが、読者の皆さまにとってのなんらかのヒントやエールとなるようでしたら幸いです。

「ゼロから1を生む」仕事が好き

───**社会人になった頃はどんな姿勢で仕事に取り組んでいましたか？**

納村　私は1984年に新入社員としてソニーに入社して以来、今日まで「何よりも仕事が一番楽しい」と感じています。仕事に熱中するばかりでなく、趣味もありますし、ちゃんと遊んでもいましたけれど、いつの時代でも一番面白いのは仕事でした。もちろん日々の仕事の大部分は嫌なことですが「楽しい仕事というものがあるわけではなく、仕事を楽しんでやるか、嫌々やるかの違い」だけだと思います。自分は楽しくやれるタイプだったということなのでしょう。

　よくいわれる例ですが、コピーを取るだけでも、工夫する人と工夫しない人とでは、差が出るものです。仕事を楽しむコツは、あれこれ自分で工夫してやってみることだと思います。「これならうまくいくはず」と意気込んでやってみても、思った通りにうまくいく場合なんてほとんどないでしょう。想定通りにならず、「なぜだろう？」と思ったときが

仕事の始まりなのだと思います。

　新しいことに挑戦して最初から想定通りにうまくいくほど、優秀な人はあまりいないし、世の中もそんなに甘くないと思います。仕事は想定通りにはならないことを当たり前と考え、諦めずに「創意工夫と試行錯誤」を続けていって、少しずつ改善していくプロセスが楽しいのだと思います。創意工夫と試行錯誤を重ねながら改善を継続することで、「その人ならではの付加価値」がつき、その付加価値が、単なる「作業」を「仕事」に変えるのだと思います。

──────**どんな仕事でも面白がることができたのでしょうか？**

納村　特に好きだったのは、「ゼロから1を生み10に育てる」仕事ですね。すでに売り上げが10億円の事業を15億円に伸ばすといったことには興味がありません。そのような仕事であれば、私よりもっとうまくできる人がいるでしょうし、私でなくてもいいだろうと思ってしまいます。全く白紙のゼロの状態からビジネスを生み出すという作業は、白いキャンバスに自由に絵を描くようなもの。ゼロを1にするという仕事は、実際やってみると本当に難しい仕事ですし、うまくいかないケースのほうが多いので、失敗するリスクも高いのですが、それを面白がれるのが自分の取りえだと思います。

──────**日本人はリスクを取らない、といわれていますが？**

納村　はい、その面はあると思います。「Risk-takers（リスクテイカー）」という言葉がありますが、日本では「リスクがあってもチャレンジする人」と解されます。ともすると「無謀なことでも度胸で挑むギャンブラー的な人」というイメージを持つ人もいるかと思いますが、私の考えは違いますし、国際バカロレア機構（国際基準の教育スタンダードをつくる組織）のグローバル人材を育てる10の項目のうちの1つの「Risk-takers」の意味は、"不確実な事柄を前にしても決断力を持って向き合う能力"であると理解されています。私は特に「決断力」の点で、もう少し説明を追加したいと思います。決断するには、何かしら根拠が必要になります。

リスクテイカーは、確かに文字通り「リスクを取る人」なのですが、大事なのはリスクを取る決断をする際には、「リスクを十分に把握した上で」ということが前提としてあることです。リスクにもいろいろありますし、リスクが発生したときの影響度も異なります。ビジネスなので、何の準備もせずに無謀で無茶なチャレンジをして、お客様や会社、社会に損害を与えるわけにはいかないことは、言うまでもありません。

本来、リスク分析は客観的でニュートラル（中立）でなければならないのですが、そもそも「（できれば）やりたい（Go！）」のか「（本音は）やりたくない（No-Go）」のかで、リスク分析結果の「解釈」が異なり、当然決断の結果も異なります。リスクを取って「やる」のか「やらない」のかの判断は、リスク分析する前から決まってはいないでしょうか。「やらない」という既定路線の意思決定を客観的データで補足するためだけになっていないでしょうか。日本人の気質は、「予定調和」「出る杭は打たれる」「減点主義」「多様性よりも均質性」などと表されますが、リスクを取ることに慣れていないですし、そういう教育も受けてこなかったのかもしれません。このインタビューの目的が、新しいことにチャレンジする方々へのメッセージということなので、その意味では、私の社会人としての経験はリスクテイクの歴史でもありますので（笑）、何かしらのヒントになるとよいのですが。

電気製品には一切興味がなかった

――――就職先としてソニーを希望したのはどのような理由から？

納村　私がソニーへ入社したいと思ったのは、単純すぎて恥ずかしいの

ですが、「すごい人」がたくさんいそうな会社だったからです。「仕事も遊びも一流な人」が集まっているイメージがあり、とにかく「世の中にはこんなすごい人がいるんだ」と驚きたかったということですかね。ソニーの製品というよりも電気製品には全く興味がなく、「テレビは映ればいい」「ステレオは音が鳴ればいい」と思っていたくらいです。性格的には商社が向いていると思っていましたし、指導教授も先輩や後輩も、私が商社に就職するものとばかり思っていたようです。

　実際、商社の先輩の話を聞いたときや、面接でも「肌が合う」と感じましたが、ソニーの入社前の内定者懇親会で何回か会う同期のメンバーのユニークさや面白さ、人間的な魅力に惹かれて入社を決めました。

─────　**商品力の強いものには一切興味がなかった？**

納村　ソニーに入社する社員は、メーカーなので当然技術者が多いのですが、技術者を除くと大抵は商品企画や海外営業を希望します。当時のソニーの商品はウォークマンやテレビ、CDプレーヤー、ビデオデッキなどのいわゆるAV機器分野でのブランド力や商品力が大変強くて、ほとんどの商品のマーケットシェアは1位もしくは2位でした。そういった商品は店頭に置いておけばどんどん売れていくのですが、私は「マーケットシェア1位の商品をたくさん売って売上を大きくするよりも、売りにくい商品を1位にするほうが面白そう」と思っていました。入社時に「ソニーのブランドが通用しにくい、売りにくい商品を売らせてほしい」という希望を人事に伝えていたところ、ビデオやオーディオの録画・録音用のカセットテープの営業担当になりました。

　当時のカセットテープのライバルブランドは、TDK、Maxell（マクセル）、富士フイルムのAXIA（アクシア）などで、大手家電メーカーではないもののマーケティングに強い会社ばかりだったので、ソニーのカセットテープはマーケットシェア1位ではありませんでした。それらの

Message 新しい事業にチャレンジする人へ　213

会社は商品力も強く、その広告宣伝・販売促進・営業といった一連のマーケティング戦略に対抗して、マーケットシェア1位を獲得するための戦略・戦術を練り、市場で実践していく経験は非常に勉強になりました。カセットテープは他社と差別化しにくい商品のため売りにくい、だからこそ工夫が必要で、工夫した戦略が当たって売れると面白い、その繰り返しでした。この経験が、その後の私の営業としてのキャリアの基本となっています。

欧州で新しい販売チャネルを開拓

――――入社数年目までの間に、大きく成長できた経験はありますか？

納村　仕事人生の大きな糧になっているのは、入社して4年たった1988年から8年間、ドイツに駐在したことです。担当したのは、パソコンのハードディスクのデータの記録メディアでした。主力商品は3.5インチフロッピーディスクで、欧州での販売事業の立ち上げを任され、売上ほぼゼロからのスタートでした。当時、欧州ではソニーの電気製品は高いシェアを占めていましたが、ソニーのPCブランドの「VAIO」がまだなかった時代ですので、ソニーにとってはコンピューター関連製品の市場は未開拓でした。フロッピーディスク事業は、欧州でのコンピューターの販売チャネルを新規に開拓するのが命題でした。

　赴任したのはドイツにあるソニーヨーロッパという欧州本社でした。しかし、本社にいるだけでは市場ニーズがなかなか把握できないと気づいて現場に行かせてほしいと希望し、2年目にドイツの販売会社であるソニードイツへ出向させてもらいました。そして、自ら希望してルートセールス、つまり営業マンの1人となり、事務所も机もないけれど車1台だけ持たせてもらい、時速200kmでアウトバーン（高速道路）を飛ばしながら、ドイツ南西部のシュトゥットガルトを州都とするバーデン・ヴュルテンベルク州を担当地域として1人で営業して回りました。最初の

うちはドイツ語は話せなかったので、100種類ほどの英語のセールストークをドイツ語に訳してもらい丸暗記して、それを営業先でひたすら話していました。その頃は相手の話しているドイツ語はさっぱり分かりませんでしたけどね（苦笑）。

───自らハードな選択を……。営業先はどのように開拓を？

納村　主な営業先は地元の企業にオフィス備品を卸している文房具店やパソコンショップ、電気店です。フロッピーディスクは、個人が自宅のパソコンで利用する需要だけでなく、企業のパソコンのデータを記録するためにオフィスの備品として購入する需要のほうが大きかったのです。電気店の販売チャネルはソニーの電気製品の販路がすでにあったので、私が主に攻めたのは当時ソニー製品を全く扱っていなかった文房具問屋やパソコンショップでした。

　携帯電話もインターネットもない時代でしたから、店を探すのにも苦労しました。行く先々の町の郵便局に行ってイエローページ（電話帳）でその町の目ぼしい店舗を調べて紙の地図にペンで目印を書き込んでから向かうのですが、もちろんナビもない時代ですので、地図に書いた目印を見ながら運転していました。初めて訪問する町がほとんどで、運転する道もほぼ初めてなので、今考えるとよく事故を起こさなかったと思います。1日に5つくらいの町を回るのですが、アポなんて取れないので飛び込み営業です。大抵は門前払いを食らいますので、1日に何十軒も回れました。その繰り返しでしたが、なかには話を聞いてくれる店主もいて、だんだん売れるようになっていきました。「変な日本人がこの町に来ている」なんて噂も立っていたようですが（笑）。

　当時、パソコンのデータの記録メディアとして使われていたフロッピーディスクは、8インチ、5インチという大きいサイズと、のちに主流になる3.5インチという約9cm四方のサイズが市場に流通していました。

3.5インチフロッピーディスクはソニーが開発したフォーマットで、ソニーは他のサイズを製造していなかったので、3.5インチをメインに売るしかありません。アップルがマッキントッシュのパソコンのフロッピーディスクドライブに3.5インチの規格を採用したので、それは大きな後押しになりました。一方で、フロッピーディスク自体は部品点数も少なく、構造もシンプルなのでどの国のメーカーでも比較的容易に製造でき、一時期は世界中で100社ほどのメーカーが参入していました。

──競合が多いなか、どのように売り込んでいったのでしょう？

納村　営業先で「3.5インチのフォーマットはソニーが開発した」と言っても、ソニーは他のサイズをすべてはそろえていないし、価格も他社製品より高いので、なかなか買ってもらえません。

　そこでまずやったことは、「富山の薬売り」の手法です。つまり、先に商品を預けておいて、使った分（売れた分）だけ支払ってもらうというやり方です。「置くだけ置いてみてください」と言って、フロッピー10枚セットを10箱、お店に置いていく。その際、店頭に立って、覚えたてのドイツ語で、来たお客さんにソニーのフロッピーディスクをおすすめしたりもしました。2週間後くらいに店を再び訪ねると、店主は「結構売れたよ」と言って、商品を仕入れてくれるようになることは多かったです。

　売り文句にしていたのは、品質の良さです。フロッピーディスクはホコリや水が入るとデータを記録する際にエラーになることがあるので、「ホコリを除去する部品が組み込まれていて、材質的に水・日光にも強いので、エラーを起こしにくい」と繰り返し伝えました。そんなふうに文房具店やパソコンショップをひたすら飛び込みで開拓し、セールストークを工夫して……ということを重ねているうちに、約半年後には、当時のソニードイツの数十人の営業マンの中で唯一の日本人である私がフ

216

ロッピーディスクのトップセールスになりました。

─────**言葉の壁を越えてトップになった経験はどう生きたのでしょう。**

納村　その後、ソニードイツ内の営業担当からマーケティング担当になり、現場での営業で培ったノウハウを他の営業担当者に共有・展開しました。このときに効果があったのは、客観的なデータで示すということです。ソニーの品質の良さを示すために、日本の本社に主なライバル会社10社くらいの他社製品と比較して、ホコリや水、光にどれだけ強いかを検証してもらったところ、ソニー製品がほとんどの評価項目で優れているという結果が出たので、そのデータを使って営業資料を作りました。また、データが正常に記録できなかった場合に、データリカバリーにかかる時間と費用を算出して、データを正確に記録することの重要さを示す資料も作りました。

　このような準備をして、営業先に「価格が高い」と言われたら、「価格が安くても大事なデータが壊れては困りますよね」「お店のお客様からデータが壊れたとクレームを受けることはできるだけ避けたいですよね」とデータを見せながら、高くても買うべき良い商品であることをアピールするのは、説得力のあるセールストークになったと思います。うれしかったのは、その資料を多くの営業担当者が喜んでくれたことでした。こういった工夫も、ルートセールスの時代に、買ってもらえない理由をたくさん直接聞いていた経験が生きたと感じています。

　そんなふうにして販売会社であるソニードイツである程度の成果を上げたということで、欧州本社に戻ってくるようにという辞令が出て、赴任から3年後の1991年、欧州のマーケティングマネージャーに着任しました。欧州各国の販売会社には、フロッピーディスクの担当チームがいるのですが、ドイツの現場で営業とマーケティングを経験していることで、「営業現場を経験している仲間」として他の国のメンバーも受け入

れてくれて、私の言うことにもよく耳を傾けてくれたので、国を超えて同じ商品を扱う仲間として、非常にまとまりの良いチームを構築できました。フロッピーディスクのシェアをソニー内で欧州をNo.1にして、1996年に帰任しました。

売りにくい商品が人を成長させる

───ドイツへの赴任期間中、最も糧になった経験は何でしょう？

納村　自ら営業の最前線に出て、差別化しにくい商品を、知恵を絞りながら工夫して売った経験ですね。入社早々担当したカセットテープと同じような、競合他社と差別化しにくい商品だったので、その差別化の難しさを克服するためにいろいろ創意工夫することを楽しむという経験も活かせたと思います。それによってアウェーの環境でも周囲の信頼を得ることができました。私のように、言葉も分からないドイツに赴任して、全く販路のなかったフロッピーディスクを一から売れなどと言われたら、大抵の人は嫌がりますよね。ソニーの他の主力商品を売りまくって売上を拡大したいと希望するのが当たり前だと思います。でも私はその仕事をウキウキしながらやっていました。工夫した戦略が当たって、ゼロだった売上がだんだんと大きくなるのがうれしくて仕方がなかったですね。

　商品力が強い商品をたくさん売ることは、その時点での売上として会社に大きな貢献をしますが、個人的な成長という観点では、営業やマーケティングのスキルアップやノウハウを蓄積して、商品力が強くない、売りにくい商品を、いかに工夫して売るかという経験をしたほうが、人は何倍も成長できると思います。

　その人は、その時点での売上では大きな貢献はしないかもしれないけれど、個人の能力として着実に地力をつけて成長するので、将来的には大きな貢献をすることになると思います。人材を長期的視点でいい経験を積ませて育てることは、とても大事なことだと思います。

エジプトのピラミッドの前で単3電池を売った

――――日本に帰国後はどのような仕事を？

納村　1996年に36歳で日本へ帰任し、バッテリー（電池）課長を拝命しました。ソニーが国内だけでなく、海外でもバッテリー分野に本格参入することが会社の方針として決まり、「新規ビジネスにしか興味がない納村が適任ではないか？」と、私に白羽の矢が立ったとのことでした。

　ただし当時の私は、単3電池のほうが単1電池よりもサイズが大きいと思い込んでいるほど無知でしたし、電池にアルカリ電池とマンガン電池があることさえ知らなかったので、「さすがに僕のようなど素人が課長になるのはまずいのでは？」と上司に言いましたが、「業界を知らないほうがきっといいアイデアが出る。ヨーロッパでフロッピーディスクの販路をゼロから開拓したお前みたいな奴がいいんだ」と言ってくれました。その上の役員からも、「フロッピーディスクが電池になっただけだ。あまり細かいことを気にするな」とハッパをかけられました。

　「いやいや、さすがにフロッピーディスクと電池は全然違うでしょう」と思いましたが、「カセットテープもフロッピーディスクも今度の電池も、納村の嫌いな電気製品というよりも日用品（コモディティ）だな。どれも小さいし、コンセントにつながなくていいし」と妙に説得力のある言葉で説明され、私も「これまで売ってきたのは確かに電気製品ではなくすべて日用品だな」と納得しました。相変わらず変わった会社だなと思いますが、ソニーはそういう会社なのです。

　当時、電池はパナソニックのシェアが圧倒的に高い寡占市場でした。性能の良しあしをその場で見せるのは難しく、カセットテープやフロッピーディスクと同じく、商品の差別化はしにくいので、これまた売るのに工夫が必要な、面白い商品だなと思いました。

───── **知見のない分野で課長を任され、苦労はなかったのでしょうか？**

納村　ありましたよ。もともとエバレディという電池メーカーをソニーが買収してノウハウを蓄積してきた事業なので、電池のプロがたくさんいて、何の知識もない私が課長になったことに対して当初は不満に思った方々も多かったかもしれません。そこで私はマーケティングの課長だったにもかかわらず、電池の勉強をするために自分の拠点を工場に移させてくれと会社にお願いして、福島県郡山市にある電池の製造工場に単身赴任しました。工場で電池の構造や材料、製造工程を一から学び、部品を作っている大阪にある板金加工工場にも行き、生産管理やサプライチェーンのことも現場で勉強しました。

　電池の製造現場で一番驚いたのは、その製造スピードでした。1分間に数十個の電池が製造される現場は、機関銃の連射のような速さと音でした。1本1本が目に留まらぬスピードで、止めどもなく生産されていくのを見て、「これだけの数を誰が売るの？　俺？」と不安になったことを覚えています。

　メーカーにとって工場は「Make」する現場であり、利益の源泉なので、余計な工程を削減するなどコストダウンの余地もたくさんあり、利益を上げるための工夫をいろいろと実践しました。売れる電池を作るためには技術者もマーケティングの知識が必要だと感じ、マーケティング講座を工場の技術者や管理部門のメンバー向けに開催していました。単身赴任自体は1年半でしたが、電池の基本を現場でみっちりと学ぶことができましたね。

　その後も、本社と工場の役職を兼務することで、製造からマーケティング・販売までの一連の業務を担当でき、サプライチェーン全体の中でのコストダウン、生産性向上に取り組むことができました。入社以来、その時点で約13年間を営業畑で経験を積んできましたが、電池事業を製造から販売まで、コストダウンから販売拡大戦略までを一気通貫で担

当できたことは非常に貴重な経験でした。1つの事業のすべてを担当するということは、規模は小さいですが1つの会社の全部門を担当するのに等しいと見なせますので、この経験は後に会社を設立し経営する立場になる際にも、大いに活かせることになりました。

商品戦略としては、もともとソニーの電池事業はウォークマンや携帯型CDプレーヤーなど、ソニーのモバイル機器用の単3アルカリ電池を自社生産するという戦略でしたので、他の大きさの電池やマンガン電池は自社生産せずに他社にOEM（相手先ブランドによる生産）で製造委託することにしました。自社で生産しないラインナップをOEM調達するのも仕事でした。ライバル企業からのOEM調達のためには、ライバル企業の製造工場を入念にチェックすることになるので、製造工程や品質管理の手法などを知ることになり、自社工場との比較もして多くを学びました。

───**単3電池に注力するとは、思い切った決断ですね。**

納村　当時、ソニーの主力製品だったウォークマンやミニディスクプレーヤーなどのモバイル機器に使われていたのはすべて単3電池でした。ソニーのウォークマンのシェアは圧倒的だったので、「ソニーのウォークマンにはソニーの単3電池がベスト」という訴求をマーケティング展開することにしました。ウォークマンで使うならソニーの電池が一番長持ちするという売り文句で、「ウォークマン用スタミナ電池」とネーミングした単3電池も商品化しました。

そしてこの単3電池を世界中に売るために、さまざまな国へ行ったことは大きな経験でした。現地にあるソニーの販売会社のスタッフに、販路が未開拓の地域に連れて行ってほしいとお願いして、中南米や東南アジア、中国やインドの山奥にも行きました。電気が通っていない地域ではランプなどを使うために電池は必需品なのですが、そういう場所には

商店もなかったりするので、背負子を背負って生活必需品を売っている行商をつかまえ、ソニーの単3電池をその場で卸したりしました。エジプトのピラミッドの前に並ぶ屋台の店主たちに、観光客向けのソニーの単3電池の売り文句を教えて卸したこともあります。

余談ですが、ある国では偽物のソニーの商品を売っていた業者の倉庫を見つけ、現地の警察と一緒に踏み込んだりもしました。本物の拳銃を掲げた警官と一緒に、偽物業者のアジトに踏み込むのも果たして自分の仕事なのかという疑問も一瞬頭をよぎりましたが、押収する商品が本物か偽物かを現場で社員が見極める必要があるということで、同行しました。無事に偽物を発見することができて、ガサ入れに成功した警察官とハイタッチしていました。こんなことは、現在ではもうあり得ないでしょうね。

世界にいろいろな人たちがいることを知り、彼らとコミュニケーションしながら電池を売りまくった経験は、本当に面白かったです。でも、本当に面白かったのは、商品の話ではなく、その国の文化やメンタリティー、価値観の違いなどを話すことでしたね。

40歳の時に「フェリカ」事業の営業責任者に

───**自ら現場へ行く姿勢は徹底していますね。電池事業の後は何を？**

納村 40歳という節目を迎えていた2001年、5年前は単3電池と単1電池のどちらが大きいかさえ知らなかった私も、一次電池技術部の部長になっていました。本当に面白い会社だと思います。ただ、「自分を知らない人たちと一緒に、またゼロからの仕事がしたい」という思い（病気？）が湧き起こり、異動の希望を出して、当時ソニーで立ち上がったばかりの「フェリカ」事業部に飛び込みました。知っている人は誰もいませんでしたので、社内で転職したようなものでした。異動の際に、人事からは、「この事業で何の経験もない人間を部長として処遇するのは難しい

から、課長からのスタートでもいいか？」と聞かれて、「いろんな経験はしてきましたがICカードは素人ですから、問題ありません」と答えて異動が決まりました。その後、3カ月後には営業部長になるのですが、私は本当に役職などには無頓着で、ゼロからスタートできる面白そうな仕事かどうかだけを判断基準に動いていました。

フェリカはソニーが開発した非接触型のICカードの技術で、1997年に香港で交通系ICカード乗車券として初めて導入され、社内では注目されつつありましたが、その時点では確か40名ほどの小さい事業部だったと思います。2001年にJR東日本へ導入が決まり、ICカード乗車券「Suica」として広く普及するようになりました。

──瞬く間に日本中に浸透した画期的な技術でしたね。

納村　はい。同時期に日本初の電子マネー「Edy」も始まりました。2004年には、NTTドコモ、JR東日本、ソニーの3社の大規模プロジェクトが結成され、携帯電話でSuicaやEdyが利用できる「おサイフケータイ」のサービスが始まりました。「おサイフケータイ」というのはNTTドコモがネーミングしたのですが、「財布にあるものは、すべて携帯電話の中に入る時代が始まった」というコンセプトを見事に表現していると感心していました。

今では当たり前ですが、携帯電話を駅の自動改札にかざして通れたり、コンビニで携帯電話で支払いができたりという「ライフスタイル」が変わっていくような仕事に携われたことは貴重な経験になりました。2004年の時点では、携帯電話でここまでのサービスを実現できていたのは、日本だけでしたので、多くの国からの視察対応に追われたことを思い出します。あの時点では、日本はまだまだ自国の技術とサービスで世界をアッと驚かせるようなイノベーションを実現できる技術立国だったように思います。

2007年には、電子マネー「WAON」や「nanaco」もスタート。Suica
に続き、PASMO、ICOCA、SUGOCA、nimoca、KITACAなど日本
中の交通乗車券にもフェリカの技術が採用されました。今では当たり前
になりましたが、全国10種類の交通事業者のICカードのうち、どれか1
枚でも持っていれば、運賃を事前に確認して切符を買うことなしに、日
本中のほとんどの電車やバスに乗ることが可能になりました。定期区間
外で乗車しても精算所へ行かずに自動計算で改札を通れるようになり、
利便性が各段に向上しました。乗車前に路線図と運賃表を確認して、販
売機で切符を買っていたことを考えると、まさにライフスタイルを変え
るイノベーションになったと思います。

このような日本全体のインフラ構築のために、市民の利便性を最優先
にして「顧客囲い込みの企業戦略を超えて、日本のオープンなプラット
フォームをつくる」ことを優先された交通事業者の皆さまに敬意を表し
ています。少子化に加え、リモートでのワークスタイルの普及による将
来的なマーケットの縮小など、交通事業者の共通の課題があったことか
ら団結しやすかったのかもしれませんが、私は公共交通機関のまさに
「公共」という姿勢が体現された事業だと考えています。

──**そのフェリカ事業の経験が、起業につながるのですよね。**

納村　はい。2001年からの8年間で、5億個以上のフェリカのICチップ
が出荷されていましたが、その頃には「カードを売ってばかりではなく、
この技術を利用して何か新しいビジネスがしたい」という生来の「ゼロ
からの挑戦が好き」という思い（病気？）が湧き起こっていました。

フェリカの技術を使った「フェリカポケット」は、ICカード内に「ポ
ケット」と名付けたセキュリティの確保された複数の領域をつくって、
1枚のカードにポイントや電子マネー、会員証など異なる事業者のさま
ざまなサービスを相乗りできるようにした仕組みです。

この「ポケット」の相乗りの仕組みを使って、幅広い事業者にビジネスや会員組織の拡大を低コストかつ効率的に行ってもらえるのではと考えました。「1枚のICカード内に、使える領域（ポケット）がいくつも空いているので、その空いた領域をいろいろな事業者に売ってサービスに活用してもらう」という、いわばショッピングモールのテナントとか不動産の販売のようなビジネスを構想しました。

───現在の地域通貨事業につながる構想ですね。

納村　はい。そこで当時のソニーの経営トップにフェリカポケットを使ったビジネスを行う新会社を設立させてほしいと直談判しました。最終的にはトップも根負けしてくれ、ソニーの社内ベンチャーとして立ち上げた会社が「フェリカポケットマーケティング」です。出資してくれる会社を探し回り、資本金4億円のうちソニーが60％を出資し、残りをぐるなび、大日本印刷、三井物産、丹青社の4社が出資する合弁会社として2008年1月にスタートしました。

退路を断つ気持ちで新会社を立ち上げる

───新規事業部ではなく新会社をつくる必要があったのでしょうか。

納村　そこは私がこだわった部分です。事業部にしてしまうと、事業がうまくいかなくても赤字を会社が吸収してくれるので、そこに甘えることができてしまいます。新しいビジネスをやろうとするなら会社として独立させなければダメだと思っていたので、新会社を設立させてもらいました。私としては、まさに本社に戻ることは考えずに片道切符のつもりで、退路を断って設立した会社です。創業時の苦労については第1章のPart1の最後でも触れましたが、資本金がみるみる減り続け、3年半の間は赤字から脱却できませんでした。

―――現在のような地域通貨事業は当初から進めていたのですか？

納村　はい。現在の地域通貨事業につながる最初期の事例は、香川県高松市の「めぐりん（現・マイデジ）」です。詳細は第2章にありますが、フェリカポケットの技術を搭載したICカードであるイオンの「ご当地WAONカード」に相乗りする形で、高松市内の加盟店舗でポイントが貯まる「めぐりんマイル」が2009年にスタートしました。

　ちなみに、「ご当地WAONカード」は、全国の県や市と協定を締結して発行されるもので、その電子マネーWAONの利用金額の0.1％を各自治体が注力している事業の基金に寄付できるという仕組みでした。「ご当地WAONカード」と地域のサービスを複数搭載できるフェリカポケットの機能は、地域貢献型サービスとして共通点があり、親和性が高いものだったのです。その親和性の高さがご縁となり、当社はのちにイオングループに入ることになるわけです。

　その後、フェリカポケットのICカードを使って、全国のいろいろな地域で商工会議所や自治体が主体となり、「地域の加盟店でポイントが貯まり、1ポイント＝1円で使える」という地域通貨・地域ポイントサービスを進めていきました。

―――全国で事業展開していく上での苦労はありましたか？

納村　いろいろありましたね。ボトルネックになったのが、店舗での決済端末の導入コストです。当初使っていたのはWAONカードの決済端末でしたが、店舗に導入するには10万円以上かかるため、中小事業者はなかなか買ってくれません。そこで、専用端末を自社で開発。地方創生の補助金なども活用してなんとか3万円程度にまでコストを抑え、月額数千円でレンタルできる仕組みも設けながら、少しずつICカードを活用した地域通貨を浸透させていきました。

　2014年に、当社はフェリカポケットの事業で協業することの多かっ

た「ご当地WAONカード」を展開するイオンによるM&A（合併・買収）によってイオングループの傘下に入りました。M&Aにより、ソニーの傘下からイオングループの会社になり、私も出向ではなく、イオングループの一員となることになりました。新卒から30年間、国内外で、また営業から工場まで、本当にいろいろな仕事を経験させてくれた大恩あるソニーを、定年退職前に辞める日が来るとは思ってもみませんでしたが、後ろ髪を引かれる思いとともに、全く新しい企業文化に触れることへの期待もありました。特にイオングループの全国津々浦々にある多種多様な店舗は、地域貢献型事業にとっては他社にはまねできない「拠点」になると思いましたので、技術のソニーと地域貢献を理念とするイオングループにはシナジー効果があると感じていました。当初はメーカーのソニーと小売業のイオンとの企業文化の違いに戸惑いましたが、今では全国各地に大型店舗を持ち、地域を大切にするイオンの文化が、地域通貨普及のエンジンになっていると思っています。

ビジネスの種を探しながら地域通貨のシステムを進化させる

──────**地域通貨事業が会社の軸になっていったのですね。**

納村　はい。会社を立ち上げて3〜4年で、全国のいろいろな地域で商工会議所や自治体が主体となって、地域での買い物ポイントや、ウォーキングによって貯まる健康ポイントなどを、フェリカのICカードを使って導入するようになりました。私が当初から目指していた「地域を元気にしたい」という思いとも重なるので、こうした地域通貨事業が当社のコアになると確信しました。

──────**地域通貨事業を進める上での大きな転機はありましたか？**

納村　QRコード決済の普及は大きな後押しになりましたね。2018年ごろから大手キャッシュレス事業者によるQRコード決済のサービスが始

まり、店頭のQRコードを利用者のスマホで読み取るだけで決済ができるようになりましたが、この方法は店舗側が決済端末を用意しなくて済むことが画期的でした。2020年には新型コロナウイルスの感染拡大により非接触による決済が浸透し始め、マイナンバーカードの取得者が大手キャッシュレス事業者のポイントを受け取れる「マイナポイント」事業も後押しとなり、スマホアプリによるQRコード決済の利用が拡大しました。また、新型コロナ対策として国から交付された地方創生臨時交付金を使ったプレミアム付き商品券事業を各自治体が行い、これを地域通貨のアプリで実施する自治体が増えたことから、地域通貨事業で使う媒体はICカードからスマホアプリへと一気に舵を切りました。

　当社では地域通貨アプリのシステムをどんどん進化させ、導入する自治体のニーズに合わせてカスタマイズを行ってきました。現在では電子マネー、ポイント、プレミアム付き商品券、健康ポイント、クーポンなど多彩な機能を1つのアプリに搭載し、マイナンバー認証も行える「よむすびRSA」というスーパーアプリのプラットフォームを、約70の自治体の地域通貨アプリに実装しています。

重視しているのは「私ならこうする」のスタンス

───ソニー時代と起業後の両方の経験から、新規ビジネスを成功させる仕事への取り組み方のコツを教えてください。

納村　まだまだ悪戦苦闘中の修行の身なので、成功のコツについてお話しする立場ではないのですが、私が日ごろから従業員の皆さんに求めていることを、部下・上司・組織という視点でそれぞれお話しさせていただきます。まず、**部下に求めているのは、「私ならこうする」という意見を持ち、その考えをどういう場でもしっかり伝えるというスタンス（姿勢）**です。ここで言う部下とは、上司を持つ従業員を指しますので、一般社員から部長、役員までを含めます。私は、誰の意見も聞かずにひ

とりでベストの判断を下せる人は稀だと思っていますので、人の意見や
アイデアを聞いた上でより良い判断をすることが基本だと思います。なので、部下に求められるスタンス（姿勢）としては、上司はもちろん、時には役員や社長にさえ、自分の意見や疑問をしっかり伝えること。つまり、「I think～（私はこう思う）」が基本であり、時には、「I don't think so, I think～（私ならこうする）」という自分なりの対案を伝えることまで必要だと思います。自分の考えを発信することで、自分の考えの正しさや足りない部分を理解することが、成長につながります。従って、部下に必要なスタンス（姿勢）は誰に対しても、どんな会議の場でも「私はこう思う」「私ならこうする」と伝えるスタンス（姿勢）だと考えています。

　このスタンスは、上司により良い判断をしてもらうことにつながり、ひいては会社のためになります。上司の指示に疑問や不安を持ちながらも、何の意見も言わないで業務を進め、「○○部長は現場を分かってないよ」とか「△△課長の判断は間違ってるよ」などと、会社帰りに仲間と酒を飲んで愚痴を言うことばかり繰り返していては、成長は期待できませんし、そういう人は、仕事にやりがいを感じることは少ないのではないでしょうか。自分の考えを持ち、「私ならこうする」ということをいつでも、誰に対しても言えるスタンスを持ってほしいと思います。

　「私はこう思う」「私ならこうする」という発言をないがしろにしたり、社員自ら考えて挑戦したことが失敗したときに、挑戦したこと自体を評価せずに、失敗のレッテルを貼るような組織に未来はありません。私は、最初の部下を持ったときから、会社にどうしても我慢できなくなったら、**いつでも椅子を蹴って出て行って、転職したほうがいいと伝えています。ただし、いつでも転職できるような準備としてスキルアップ、自己研鑽に励むことが必要だと伝えています**。そして、「私ならこうする」のスタンスを社内で継続していれば、成長して実力がつき、結果的に評価さ

Message 新しい事業にチャレンジする人へ　229

れて昇進し、起業家精神も育まれるのではないかと思います。

　一方で、私が、部下を持つ立場の**上司に求めるのは、「自分だけで考えた判断のほとんどは正しくない」と考える姿勢（スタンス）**です。自身の年齢と肩書を外したときに「自分のほうが部下よりも優秀だ」と本当に言えるでしょうか。「自分の指示は正しい」というよくある勘違いが、部下の成長を止め、会社の成長の足を引っ張っている可能性は大いにあります。**すでに部下のほうが優秀かもしれないという感覚を持ち、部下の成長を見守り、応援し、育てること**を意識してほしいと思っています。部下のさぼった結果のミスや失敗でなければ、上司である自分が責任を取って相手先に率先して謝る、そのために上司の給料が高いのだと認識するように伝えています。

「1兆円を3兆円にできたかもしれない」という盛田会長の言葉

──**身につまされる指摘です。経営者として意識している姿勢はありますか？**

納村　私が日ごろ意識しているのは、**「見えない失敗」と「やらないリスク」**です。私も含め、多くの組織は緊急性の高い目の前の課題に集中しがちですが、実は、「一番重要なことは緊急性がない」ということを経営する上で意識するようにしています。サステナブルな経営には、長期的視点で取り組まなければならない重要な課題が少なくないのですが、そういった課題は、今週・今月のような緊急のスパンで解決しなくても、短期的な収益にあまり大きな影響はない場合も多いのです。そのため、どうしても目の前の解決すべき案件を優先してしまい、後回しになったり、本気度が足りない取り組みになってしまいがちだと、反省しています。本当に重要な課題は、緊急性がないことに落とし穴があると考えています。人間でいう生活習慣病のように、一番大事な生活習慣の改善を先送りしがちなことと似ているかもしれません。

企業が「ゆでガエル」状態で、自社の危機的状況を察知できずに取り返しのつかない事態に陥ることは、まさに生活習慣病が招くリスクと同様です。本当に重要な課題に取り組まずに、組織が衰退していくという致命的な失敗が起こる場合、そもそも課題の解決が計画化されていない場合が大半です。計画にないので成否を厳しくチェックされることもなく、失敗していることにさえ気づいていないことが多いため、当然誰も責任を問われないという「見えない失敗」をしている可能性があると思います。

　私がこの「見えない失敗」ということを意識するようになったきっかけは、ソニーの創業者のひとりである盛田昭夫氏から聞いた言葉です。1988年、ドイツに駐在していた私が、当時ソニーの会長だった盛田氏を現地で半日間ひとりでアテンドする機会がありました。当時のソニーは年間売上高が1兆円を超える大企業に成長したことで注目されていたので、「1兆円の売上って、すごいですね」と話したところ、「皆さん1兆円をすごいと褒めてくれるので、ありがとうございます、とお返しするのだけど、実はそんなに喜んでいるわけにはいかないんだよ。自分がトップでなかったら、1兆円ではなく3兆円になっていたかもしれない。『あのときにもっと良い判断をしていたら、今ごろ3兆円の売上に成長していたかもしれない』と反省しながら振り返ることがよくある」とおっしゃったのです。

　日本を代表する経営者のあまりに謙虚なお考えに感銘を受けたのですが、それよりも、どんなに周囲がその成功を褒めたたえても、決しておごるわけにいかず、自分の下した判断が正しかったのかどうか、常に自らを振り返らなければならないという経営者の責任の重さと厳しさに驚いたということが印象に残っています。

　盛田会長は、「国も会社もつぶれる理由は同じで、大概は『見えない失敗』なんだよ。見える失敗よりも、見えない失敗のほうがよほど怖い」

ともおっしゃいました。同時に、「見えない失敗をしないためには、とにかくやってみるしかない。やってみると、見えない失敗が見えてくるから」と、禅問答のようなお話をされました。当時28歳だった私に、正直その真の意味はよく分かりませんでしたが、経験を積むにつれて、少しずつ理解してきたと感じています。

─────「見えない失敗」という言葉には、深い意味がありそうですね。

納村 「一番大事なのに、数値化することが難しく、経営数値に表されず、毎年の事業計画に反映されることもなく、計画されないので進捗も確認できない。なので、致命的な失敗をしたことに気づきもしないし、当然、見えない失敗をしたことの責任は誰も問われない。ただゆでガエルのように少しずつ衰退に向かっていく……」ということかなと。

「見えない失敗」を回避するには、「見えない失敗の見える化」をしないといけないのですが、多くの場合、計画を立てた時点で、見えない失敗は計画の見えないところに潜んでいます。仮に事業計画を達成したとしても、見えない失敗を回避したことにはならず、逆に見えない失敗がまた1年分積み上がっただけなのかもしれません。

組織を衰退に導きかねない「見えない失敗」への対応

─────「見えない失敗」の背景にあるものは何でしょうか?

納村 「見えない失敗」の背景には、いくつかあると思いますが、私なりに考えると「(行き過ぎた)短期的な視点」と「チャレンジへの逡巡」があると思います。他にもあるかと思いますけど。

最初の「(行き過ぎた)短期的な視点」の裏には、業績が数字、特に短期の数字で評価されることがあると思います。「結果がすべてなので、数字で評価されるのは当たり前」なのですが、「結果を左右する、見えないもの」が大事なのではないでしょうか。よく企業は「人がすべて」

とか「人材ではなく人財」と表面上では言いますが、「言うは易し」ではないでしょうか。本当に大事なことは数字で表すことが難しいですし、その大事な取り組みが数字となって表れてくるのには相当な時間がかかると思います。

「見えない失敗」を回避できるかどうかは、サステナブルな経営の視点で、緊急ではないけれど、長期的に一番大事なことに、どれだけ優先度高く本気で取り組めるかだと思います。ただ、残念ながら毎月・四半期・年度といった短期的な業績で株式市場からも評価されますし、上場企業ではなくても短期的な業績で評価される以上、毎日短期的な数字をなんとかすることに奔走せざるを得ないのが現実だと思います。

当社の場合は、自治体が相手のBtoG（対行政）ビジネスなので、突然入札が行われる場合もありますが、今振り返ると、重要な案件は最初の提案から早くて2年、通常は3〜4年くらいかかっています。まさに、デジタル地域通貨のムーブメントには10年以上の試行錯誤があり、長期的な視点で取り組んできた結果がようやく業績につながってきました。短期的な視点だと、どうしても「見えない重要なこと」に注意を払うことができずに気づかない、もしくは気づいても、短期的な結果を出すためには、優先順位を上げて手を着けることができない、ということも出てくると思います。

───「見えない重要なこと」の例はありますか？

納村　「見えない重要なこと」の捉え方は一義的ではなく、組織において規定やルールとして明示することはできないものだと思います。コンプライアンスなども見えない重要なことに該当しそうですが、コンプライアンスの場合は規定化やルール化ができますし、他の組織への横展開が可能なものだと言えます。

重要だけれど、短期的視点ではどうにもならないものの一例として、

Message 新しい事業にチャレンジする人へ　233

従業員のモチベーションやエンゲージメント、企業風土があると思います。この従業員の「やる気」という本来は数字として表すことが難しいことを、自社のノウハウとして指標化して調査するサービスを利用する企業が増えています。ですが、まさに従業員のモチベーション、エンゲージメントという最終的な業績に決定的な影響を与える重要なことを、短期的な上っ面の取り組みで改善しようとするのは非常に難しいと思います。

「やる気」の問題は、会社全体の生産性の低下、ひいては転職できるほど優秀な人材の離職につながります。評価制度を変えるのは、やろうと思えばできることかもしれませんが、企業風土とか企業文化といった、まさに見えない空気のようなものを変えることに、何から手を着けてよいか分からない企業も多いのではないでしょうか。

でも、企業風土は決定的に重要だと思います。ライバル企業が目に見える商品やサービスを表面上だけまねすることは容易ですが、企業風土をコピペでまねすることはできないわけです。なので、企業風土が差別化優位性として最も「素性のよい」ものだと思います。目には見えないけれど一番大事なものなので。

チャレンジしないことで失う機会

───もう1つの「チャレンジへの逡巡」について教えてください。

納村 はい、「見えない失敗」のもう1つの背景は「チャレンジへの逡巡」だと考えています。「見えない失敗」を回避するには、「やってみる」という姿勢（スタンス）が大事なのですが、誰でもチャレンジには逡巡し腰が引けますし、失敗したという評価のレッテルが付くことを心配する気持ちがあるのも当たり前だと思います。

ただ、「やって失敗するリスクよりも、やらないリスクのほうが大きい」ケースも多いのではないでしょうか。リスクを回避することは当た

り前ですが、コンプライアンス違反やブランド毀損といった絶対に回避すべきリスクは別にして、失敗が金額的な損失だとした場合、もちろんその金額が経営に与える影響にもよりますが、リスク項目を挙げすぎて結果的にチャレンジしなかったり、絶好のタイミングを逃したりといった「見えない失敗」は多いと思います。その失敗は、機会損失としておおよその数字で表すこともできますが、失敗を大きく見せないために、かなり低く算定されがちです。

　しかも、この「やらなかったこと、チャレンジしなかったことの責任は問われない」ことが、最大の見えない失敗だと、私は考えています。このチャレンジをしなかったという結果は数値化できず、まさに見えませんし、報告もされません。そもそも、年度計画にも入ってない場合も多いでしょうから。やらなかった責任は数値で表しにくいので、その責任は問われないことになります。

　他方、やって失敗した場合の「見える失敗」は数値化できて、責任を問われて評価にも影響するでしょう。そうなると、どうしても誰もチャレンジしたくなくなるし、チャレンジを抑制するようなリスク回避型の企業風土が醸成されていって、少しずつライバル企業の後塵を拝することになっていくのだと思います。ただ、このことに気づいたとしても、組織全体に染み付いた企業風土を変えることは容易ではないことは、言うまでもありません。

　さらに、このチャレンジしないことで失う本当に大きな損失は、人材が成長する機会を失うということだと思います。失敗することによる学びの多さや大切さは、言うまでもありません。実際にやってみて、思ったようにいかないこと、すなわち失敗でしか学べないことは多いとつくづく感じます。私は長年勤めていたソニーで、ドイツ語が話せないのに、ドイツでルートセールスする希望をかなえてくれたこと。当社を社内ベンチャーとして設立する際に、どれだけのリスクがあるかを示して、私

Message 新しい事業にチャレンジする人へ　235

の翻意を促しながらも、最終的には、ITを活用して地方の課題を解決するという「仮説のビジネスモデル」に4億円の出資をいただき、背中を押してくださったことなどに、今さらながら深く感謝しています。

「誰とどんな時間を過ごすか」に幸せの価値を置く

──────仕事に前向きに取り組むエネルギーの源泉は何でしょうか？

納村　新入社員時代から経営者となった今に至るまで、私が一番好きなことは仕事です。言うまでもないことですが、日々の仕事の95％は嫌なこと、面倒なことです。会社への通勤の足が重たい日も結構あります。けれど、小さな成功体験に喜びを感じて、自分の創意工夫がうまくいくことが面白い、という気持ちの積み重ねでここまで来ました。

　ドイツでフロッピーディスクを売っていたときの営業実績は、当時のソニー全体の売上から見れば0.01％にも満たない微々たるものでしたが、それでも自分にとってはこの上なくうれしい経験で、もっと工夫してみようと前向きなエネルギーにつながっていたのです。あの時代の経験が、私を一番成長させてくれたと思います。

──────挑戦がうまくいかなくて、心が折れることはないのですか？

納村　心は折れてばかりですよ（笑）。でも、そういうときは気の合う仲間、大好きな人たちと飲みに行ってワイワイ話していると、「心が基準値に戻る」ように感じます。自他共に認めるリスクテイカーの私でも、「なんでこんなにトラブルが続いて、俺ばっかり嫌な目に遭うんだ」などと飲みながらぼやくこともありますが、そうすると仲間もぼやいてくれて、やがて不幸自慢大会のようになり、「自分のつらい経験なんて大したことないな」と思えるのです。

───納村さんの心を「基準値」に戻してくれる大好きな人たちとは？

納村　私が大好きな人たちは、家族はもちろん、従業員の皆さんやパートナー企業の方々、各地で地域通貨事業に取り組んでいて地域通貨の可能性や難しさについてワイガヤする「仲間」の皆さんや、志のある自治体の地域通貨担当者の方々など、年齢も肩書もさまざまです。年下であっても尊敬している、すごいなと思える人がたくさんいて、そういう人たちと時間を過ごすことで自分の心がニュートラルな状態に戻れます。

　自分が幸せだと感じられるかどうかは、誰とどのような時間を過ごすか、ということに尽きると思います。本書でも触れましたが、多くの国と全国各地を訪れ、地元の人と一緒にビジネスの話だけでなくその地域独特の風土や文化、メンタリティーや価値観などについて話をするなかで、**「世界のどこに住んでいても、自分は幸せだと感じている人には共通点がある」**と感じました。その共通点とは、**大切な人と一緒に時間を過ごしていること、そして、自分が社会的な責任を果たしていると感じていること**だと思いますが、このことは本書で触れた通りです。

　第1章のPart6でドイツ人の友人のことに触れましたが、彼は私の価値観を根底から変えるきっかけを与えてくれました。『ドイツ人はなぜ、年290万円でも生活が「豊か」なのか』（熊谷徹著／青春新書インテリジェンス）という本が2019年に出版されましたが、友人はまさしくこの本にある通り、お金を稼ぐことには注力せず、「（家族以外の）誰かのための存在でありたい」という「公」のあり方を、日常生活の中で無理せず、当たり前のこととして実践することで、公私共にとてもハッピーに暮らしているドイツ人のひとりです。そういう生き方を見ていると、人と比べずに、自分自身が納得する時間を過ごしているかが幸福かどうかの違いなのかなと思います。

　北欧のヒュッゲの考え方も同じ根っこにあるともお伝えしましたが、このような幸せの価値観がそもそも日本と違うと感じたことが、地域通

貨というものに興味を持ったきっかけですし、本書の「円より縁」という考え方にもつながっています。

─────納村さんの考える幸福感の原点がそこにありそうですね。

納村　はい。私が本書で伝えたい、「地域通貨を普及させることで人々の幸福の価値観が変わる」ということも、まさに彼らのような生き方とリンクしています。地元のお店で買い物をする、地域でボランティア活動に参加するなど、「地域でいいことをする活動＝地イ活」によってポイントというインセンティブを受け取り、それを買い物に使っても、寄付に使ってもいい──。金銭的な損得で考えれば、大手キャッシュレス事業者の決済アプリを使ったほうがお得かもしれませんが、**地域通貨を使うことで心の豊かさを得られ、地域の人とのつながりも生まれ、幸福感は高まる**のではないでしょうか。あえて、本書で伝えたいことを一言でまとめると「世のため・人のためは、ひいては自分のためになる」ということになるかと思います。

　今、日本各地の自治体が試行錯誤しながら取り組んでいる地域通貨事業が、日本人の幸福の価値観を変えるきっかけになり、ひとりでも多くの人が幸せを感じながら生きられる世の中になることを、心より願っています。

参考文献

*1 公益財団法人 日本国際問題研究所 研究レポート「韓国社会が直面する難問 人口減少と地方消滅」聖学院大学教授 春木育美、2024年3月27日
https://www.jiia.or.jp/research-report/korea-fy2023-02.html

*2 47NEWS「韓国の首都圏一極集中、地方は『消滅地域』の危機に現実味 子育てなど支援充実で出生率の増加も」2023年12月26日
https://nordot.app/1108011643497103610

*3 日本貿易振興機構(JETRO)ビジネス短信「2023年の合計特殊出生率0.72、過去最低を更新(韓国)」2024年3月4日
https://www.jetro.go.jp/biznews/2024/03/154ec437debe60b9.html

*4 コナアイ社プレスリリース(韓国語)、2024年3月7日
https://konai.com/pr/news/278

*5 一般社団法人キャッシュレス推進協議会「キャッシュレス・ロードマップ2023」内「世界主要国におけるキャッシュレス決済比率(2021年)」2023年8月
https://paymentsjapan.or.jp/wp-content/uploads/2023/08/roadmap2023.pdf

*6 ハンギョレ新聞「路地商店街に約2千億円分発行…新年、全国で地域通貨が浮上」2019年1月4日
https://japan.hani.co.kr/arti/economy/32474.html

*7 釜山広域市ホームページ「分野別釜山市の統計>人口>年齢(5歳階級)及び性別人口」より算出
https://www.busan.go.kr/jpn/bsfacts02

*8 人口戦略会議・公表資料「地方自治体『持続可能性』分析レポート」2024年4月24日
https://www.hit-north.or.jp/information/2024/04/24/2171/
(人口戦略会議の実務幹事・五十嵐智嘉子氏が理事長を務める北海道総合研究調査会のサイト)

*9 前野隆司著『幸せのメカニズム 実践・幸福学入門』講談社現代新書、2013年

*10 厚生労働省「生活困窮者自立支援制度及び生活保護制度の見直しに関する最終報告書」内「生活保護費負担金(事業費ベース)実績額の推移」2023年12月27日
https://www.mhlw.go.jp/content/11907000/001184797.pdf

*11 NPO法人 デンマークの食と暮らし研究所「デンマークの税金」
http://www.danishforum.jp/newpage14.html

*12 公益財団法人 年金シニアプラン総合研究機構『年金と経済 Vol. 41 No. 2』『デンマークの年金制度』岩田克彦、2022年7月30日

*13 マイク・ヴァイキング著、アーヴィン香苗訳『ヒュッゲ 365日「シンプルな幸せ」のつくり方』三笠書房、2017年

納村哲二（おさむら・てつじ）

フェリカポケットマーケティング代表取締役社長。1984年ソニー入社。カセットテープやフロッピーディスクなどの営業を担当。8年間の欧州駐在などを経て、2001年よりICカード「フェリカ」の国内・海外営業の責任者に。2008年1月、ソニーの社内ベンチャーとしてフェリカポケットマーケティングを設立、社長に就任。2014年4月より、イオングループの傘下に。「ITを活かして社会課題を解決し、地域活性化に貢献する」をミッションに、これまでに全国120以上の自治体に向け、地域通貨を軸にしたデジタルソリューションを開発・運用している。徹底的に現場主義を貫き、全国各地を飛び回りながら「地域を元気にする」仕組みづくりに奔走している。

「円」より「縁」
地域通貨が示す新たな選択

2024年 9月 2日　第1版第1刷発行

著者	納村哲二
発行者	河井保博
発行	株式会社日経BP
発売	株式会社日経BPマーケティング
	〒105-8308　東京都港区虎ノ門4-3-12
編集	藤川明日香、安原ゆかり
装丁	田村 梓（ten-bin）
本文デザイン・制作	髙橋一恵＋吉岡花恵（ESTEM）
印刷・製本	TOPPANクロレ株式会社

ISBN978-4-296-20556-1
ⓒ Tetsuji Osamura 2024　Printed in Japan
本書の無断複写・複製（コピー等）は、著作権法上の例外を除き、禁じられています。購入者以外の第三者による電子データ化および電子書籍化は、私的使用を含め一切認められておりません。本書に関するお問い合わせ、ご連絡は下記にて承ります。
https://nkbp.jp/booksQA